ÁgilMente

Aprendé cómo funciona tu cerebro
para potenciar tu creatividad y vivir mejor

ILUSTRACIONES DE MAX AGUIRRE

Estanislao Bachrach

ÁgilMente

Aprendé cómo funciona tu cerebro para potenciar tu creatividad y vivir mejor

Sudamericana

Bachrach, Estanislao
ÁgilMente. - 9ª ed. - Buenos Aires :
Sudamericana, 2013.
392 p. ; 23x16 cm. (Obras diversas)

ISBN 978-950-07-3971-9

1. Ensayo Argentino. I. Título.
CDD A864

Primera edición: septiembre de 2012
Novena edición: marzo de 2013

IMPRESO EN LA ARGENTINA

Queda hecho el depósito
que previene la ley 11.723.

Humberto I 555, Buenos Aires.

www.megustaleer.com.ar

ISBN 978-950-07-3971-9

Esta edición de 10.000 ejemplares se terminó de imprimir
en Gráfica MPS S.R.L.,
Santiago del Estero 338, Gerli, Bs. As., en el mes de marzo de 2013.

Inspirado en Goyo

A Victoria,
Uma y Valentín

Índice

Capítulo 3. El proceso creativo

Capítulo 4. Los sentidos

Capítulo 5. Atención

Capítulo 6. Emociones

Capítulo 7. Aprender

Prólogo

Los avances tecnológicos realizados en los últimos diez años en el campo de las neurociencias han sido fascinantes. En especial, aquellos centrados en comprender mejor el cerebro y su íntima relación con la mente. Por primera vez, la tecnología puede ver dentro de nuestra cabeza el cableado eléctrico de células que nos permite crear nuevas conexiones a partir de las ya establecidas por nuestra experiencia. Podemos sacar fotos de los pensamientos utilizando escaneos cerebrales y medir el grado de excitación de las neuronas a medida que se van aproximando a una solución.

Nos encontramos en un momento clave para entender todo lo que hoy sabemos sobre cómo funcionamos, quiénes somos y cómo somos los seres humanos **cerebralmente**. Como veremos a lo largo de este libro, esto nos puede ayudar a mejorar nuestra calidad de vida en múltiples sentidos. Estoy convencido de que sólo podremos cambiar nuestro cerebro si sabemos cómo funciona.

ÁgilMente parte de la intención de desmitificar los conocimientos muchas veces falsos con los que contamos acerca del cerebro y de la voluntad de promover todo lo que todavía podemos conocer sobre él y utilizarlo a nuestro favor para ser más creativos. La creatividad puede parecer un truco de magia que viene de ninguna parte; no obstante, hoy empezamos a comprender cómo funciona esa magia creativa. Cuando entendamos cómo funciona nuestra creatividad, podremos hacer que funcione para nosotros.

Aunque no lo sepamos, las neurociencias tienen un impacto enorme en nuestra vida cotidiana. Muchas veces, el complejo lenguaje científico no nos permite acceder a la apasionante información que esta ciencia tiene para transmitirnos sobre el mundo y sobre nosotros mismos. Como científico quiero hacerlos viajar por las más brillantes investigaciones de expertos en creatividad y neurociencia de la actualidad y también del pasado. Hoy es fácil de demostrar mediante tecnología de avanzada que hasta nuestro último día de vida podemos seguir aprendiendo y ser más creativos. Mi propósito es que ustedes puedan experimentarlo y, a la vez, darse cuenta de que más creatividad en nuestras vidas significa no sólo la capacidad de resolver problemas, destrabar conflictos o lucirse en el trabajo, sino de tener una vida mejor y más disfrutable.

Vivimos en una sociedad globalizada, donde productos y servicios son cada vez más parecidos y a menudo se vuelve difícil diferenciarlos entre sí. La tecnología y el conocimiento técnico son cada vez más fáciles y baratos de conseguir, estemos en Singapur, China, Chipre, Jamaica o Argentina. Muchos de los conocimientos tan deseados y buscados en el siglo pasado ya no representan un desafío. Empresas, gobiernos y organizaciones requieren de la creatividad de su gente para sobresalir del resto. Son las personas más empáticas y creativas las que hacen la gran diferencia en la sociedad, en la economía, en la educación y en el comercio. La lógica, tal como la entendemos, es necesaria pero no suficiente. Las organizaciones buscan tener entre su gente a aquellos capaces de sentir empatía con el otro –llámese cliente, empleado, colega, socio o alumno–, para comprender mejor sus necesidades, inquietudes, gustos, satisfacciones y expectativas. Personas que puedan pensar de manera creativa e innovadora, para ofrecer servicios y productos diferentes, que ofrezcan mejores experiencias. Sin embargo, este tipo de personas escasean en la sociedad.

En nuestro sistema educativo, desde sus inicios y hasta el tiempo presente, ha primado la importancia en la enseñanza y el desarrollo del análisis lógico y el razonamiento deductivo –que dominó el siglo XX– y no de nuestra capacidad empática y creativa –necesaria para conquistar el siglo XXI–. Desarrollar tu creatividad es asunto tuyo, seas quien seas y trabajes donde trabajes. Las personas que demuestran curiosidad y coraje se vuelven indispensables en cualquier organización. Son promovidos y recompensados. Aquellos que puedan imaginar otras alternativas a los problemas grandes o pequeños que enfrentamos en la sociedad serán los que causen un verdadero impacto.

En el libro me serviré de los avances científicos y estudios realizados sobre nuestro *cerebro/mente* para que lo conozcas como nunca antes lo hiciste. Utilizaré la ciencia para ofrecer algunas alternativas en forma de técnicas que aumenten tu capacidad creativa en el día a día.

Avancemos un poco. Si observamos a cualquier niño antes de los seis años, no podemos más que afirmar que somos creativos ya desde el nacimiento. Pero luego la escuela y la sociedad van pidiendo que dejemos de usar esos circuitos neuronales para enfocarnos principalmente en los otros: la lógica y el análisis. Estos últimos se convierten en nuestros patrones de pensamiento dominante. Hace no muchos años, los científicos creíamos que la creatividad en jóvenes y adultos era una causa perdida: las neuronas y sinapsis no utilizadas durante algún tiempo eran irrecuperables. La buena noticia es que hoy la ciencia muestra de manera muy precisa que esto no es cierto. Como ya dije, **el cerebro tiene la capacidad de regenerar y seguir aprendiendo hasta nuestros últimos** días. Todos podemos ser más creativos si utilizamos las técnicas y los métodos correctos para estimular esas neuronas y sus conexiones que, en la mayoría de nosotros, fueron poco utilizadas. Para comprenderlo, imaginemos al cerebro como un músculo y a nuestra vida como una preparación para una carrera. Si entrenamos durante la mayor parte de nuestra vida sólo una zona de ese músculo, la otra se atrofiará. Sin embargo, hoy sabemos que el músculo atrofiado se puede recuperar con disciplina, vocación y ejercicio. Al final del camino, si lo hacemos, comprobaremos que somos más creativos y podremos usar esa habilidad para una mejor calidad de vida.

ÁgilMente trata sobre nuestro talento mental más preciado: la habilidad que tenemos para imaginarnos cosas que nunca existieron y para ser creativos. Muchas veces pensamos en la creatividad como algo que viene de fábrica, sólo les sucede a los otros y no nos compete demasiado. No obstante, nuestras vidas son definidas gracias a la creatividad humana. Tu celular, tu poema preferido, el sillón supercómodo donde estás sentado leyendo, la calefacción silenciosa que te protege del frío, aquella canción que te hace recordar a un ser querido, la pastilla para el dolor de cabeza.

ÁgilMente es una invitación a un spa cerebral para que aprendas a cuidar, mimar y volver a poner tu mente y creatividad en plena forma.

Introducción

Era un domingo de sol en Buenos Aires. Mi hija y yo estábamos en su juego favorito: la hamaca. En ese momento, Uma tenía dos años recién cumplidos y podía pasarse unos cuarenta y cinco minutos yendo y viniendo por el aire, en ocasiones mirando al cielo y echando el cuello hacia atrás. A mí me gustaba hamacarla de frente para verle la sonrisa permanente en pleno disfrute del tiempo presente. De manera ingenua y adulta, cada dos minutos yo le ofrecía ir al tobogán o al sube y baja pensando que ya estaba aburrida. Me costaba entender cómo podía pasarse tanto tiempo allí. Obviamente, usaba mi escala de tiempo, no la de ella. Cada tanto mis brazos dejaban de empujar, y yo chequeaba en mi iPhone los e-mails, leía el diario por Internet o enviaba algún mensaje. Lo hacía estratégicamente de modo que al perder el impulso, y antes de que me lo pidiera, volvía a empujarla para que sus rizos se sacudiesen contra el respaldo de la hamaca. Cuando de pronto sucedió: "Papá, el lular, no", me dijo todavía con una sonrisa. Me fui detrás de ella y comencé a hamacarla desde allí tratando de engañarla e insistiendo con el *touchscreen* de mi pantallita. A los tres minutos de nuevo, pero esta vez sin sonrisa, sin "papá" y gritándome: "¡El lular, no!" Lo guardé en el bolsillo a regañadientes pero convencido de que el equivocado era yo. Uma sentía que no estaba por completo allí con ella, y era verdad. Fue una lección importante y desde entonces opté por no llevar más el teléfono a la plaza. Cada vez que íbamos le mostraba que lo dejaba sobre la mesa del living, y eso la predisponía mucho mejor durante las siete cuadras hacia la placita del barrio.

Diría que me sucedió alrededor de nuestra tercera visita a la plaza sin mi teléfono. Uma prefería ahora que la hamacara empujándola desde atrás. Mis brazos iban y venían en una suerte de trance y con una cadencia relajante. De pronto en mi cabeza empezaron a aterrizar ideas, las podía ver y tocar en mi frente, iban cayendo una detrás de otra sin orden ni tiempo de reacción. Qué hacer el fin de semana, cómo presentar un proyecto a un cliente, cómo preparar una clase nueva, hasta cómo inventar aparatos para la ducha o hacer que los juegos de plaza sean más seguros. Y de allí al infinito. Cuando Uma me comentaba algo de alguna paloma o de otro nene de la plaza, o me pedía un caramelo, tardaba algunos segundos en contestarle y salir de ese monasterio de ideas. Sin embargo, a ella parecía gustarle un poco mi desconcierto de segundos. Se reía y decía: "¡Papá! ¡Papá! ¿Estás loco?"

Esa tarde, durante el camino de regreso a casa,

noté que muchas de las ideas que me habían llegado desde ese lugar, detrás de la hamaca, las había olvidado. Algunas por completo y de otras sabía que se trataba de algo relacionado con un cliente, por ejemplo, pero no podía recordar específicamente *qué*.

Por la noche, ya en la cama antes de dormir, tenía claro que se me habían ocurrido muchas cosas en aquella plaza, algunas mundanas, conocidas, pero también otras no tan habituales: "creativas" o nuevas para mí. Sin embargo, no recordaba ya ninguna. También me olvidé de este incidente hasta que volví a hamacar a Uma y ocurrió lo mismo. Dos veces seguidas no debía ser casualidad. Con mi formación científica me propuse investigar qué estaba sucediendo, y a partir de allí, cada vez que me paraba detrás de la hamaca y comenzaba la cadencia, la sonrisa y sus rizos dorados, esperaba de manera consciente y alerta verme de nuevo envuelto en mi lluvia privada de ideas. Obviamente, eso no sucedía si lo buscaba y me esforzaba en obtenerlo.

Varias veces escuché en conferencias internacionales de negocios que más del noventa por ciento de los últimos productos y servicios nuevos o innovadores que consumimos y disfrutamos surge de ideas que se les ocurren a empleados "comunes" y fuera del ambiente laboral. Como en mi hamaca con Uma.

Hace dos años que me dedico a estudiar a esas

empresas innovadoras y he logrado hablar con una cantidad de empleados interesantes de diferentes jerarquías, culturas, empresas, países, idiomas e industrias, para llegar a la misma conclusión: **las ideas pueden aparecer en cualquier momento pero fundamentalmente se manifiestan más seguido cuanto más relajados estamos.** Por probabilidad matemática cuantas más ideas aparezcan en nuestro consciente más chances vamos a tener de que alguna de ellas sea buena, mejor, nueva, creativa y diferente. Algunos lo llaman *brainstorming reverso*. En lugar de exigirle al cerebro que genere ideas durante dos horas los martes por la tarde cuando al jefe se le ocurre, hay que aprovechar que la mente funciona las veinticuatro horas de los trescientos sesenta y cinco días del año y sacarle el máximo rendimiento. Y así sucede; todos tenemos al menos uno o dos lugares, momentos o situaciones durante el día o la noche, donde una tormenta de ideas nos invade el consciente. En el auto, la ducha, el subte, la cama, el baño, el asado, el deporte, jugando, meditando, durmiendo, etcétera. Siguiendo los consejos de empleados de organizaciones muy innovadoras, de artistas y hasta de ingenieros japoneses de Toyota, comencé a llevar siempre conmigo a la plaza una libretita para poder capturar las ideas de inmediato.

Hoy se sabe que la mayoría de las cosas que pensamos y, entre ellas, las ideas que tenemos se nos olvidan. Mágicamente, a Uma no le molesta que su papá dibuje en su cuadernito, como dice ella, mientras él la hamaca; al contrario, ella también lleva su block para dibujar y compartir un verdadero momento de padre-hija. Hoy la libretita es una parte funcional de mi cuerpo. En esa libreta catalogo los proyectos que me interesa capturar, titulándolos en el borde superior de la hoja. Es mucho más eficaz anotar las ideas debajo de un título de proyecto, a modo de etiquetas, que escribir las que se te aparecen una debajo de la otra. De esta manera, al querer volver sobre lo que uno escribió, son más fáciles de encontrar.

Es 5 de septiembre de 2011 y estoy sentado en el aeropuerto El Dorado de Bogotá, esperando para volver a Buenos Aires. Abro la libretita y observo que cada diez, veinte páginas, un título diferente en mayúsculas domina la primera hoja seguido de garabatos casi ilegibles: las ideas. Entre mis proyectos actuales se encuentran: *Clases en Mendoza*, *Congreso en Cartagena*, *Charla en Coca-Cola*, *Neuromarketing*, *Costa Rica 2011*, *Sarmiento innovador*, *Varios*, *Educación ejecutiva*. En este tiempo muerto de espera en el aeropuerto me dispongo a repensar mis ideas. Es aquí cuando, birome en mano, leo ideas de proyectos que ya sucedieron y estorban el campo visual: las tacho. Las ideas tienen una vida limitada en la libreta. Mientras voy tachando, llego al título de proyectos “Varios” y una frase me llama la atención; no recuerdo cuándo pero en algún momento la elevé a la potencia 10. Esto de elevar a una potencia una idea en mi código personal significa que ya he pensado en ella muchas veces en varias y diferentes oportunidades.

Por ejemplo: “Escribir un libro^{10}”, dice en tinta negra, casi atravesando el papel.

Llegó la hora de hacerlo, allí voy.

El hecho de escribir cuál es tu desafío creativo puede disparar en tu mente ideas creativas. Hay que escribir.

CAPÍTULO 1

No más patrones

Genes y memes

Seas quien seas, tu mente puede cambiar y sólo depende de vos. No importa cuán creativo te consideres o te consideren los demás, eso puede mejorar. Tu creatividad puede expandirse. Por mucho tiempo los gurúes de la creatividad, algunos acertados y otros no tanto, te decían según su experiencia personal o intuición cómo ser más creativo. Hoy, la neurociencia combinada con la tecnología de avanzada es clara y concisa: tu cerebro puede seguir aprendiendo y cambiando hasta el momento en que morís, propiedad conocida como neuroplasticidad. No importa qué te haya pasado en tu vida o qué genes te hayan tocado; tu mente, es decir, la forma en que usás tus pensamientos, puede modificar la estructura y anatomía de tu cerebro. Mientras comenzás a leer *ÁgilMente*, tu cerebro es uno con ciertas conexiones neuronales particulares. Al terminar de leerlo será otro diferente, con otras conexiones. Será sin duda un mejor cerebro, ya que habrás aprendido a conocer su potencial y algunas de sus limitaciones. Y si además aplicás las técnicas que te propongo, con regularidad y disciplina –las encontrarás destacadas mientras viajes por las páginas–, tu potencial creativo aumentará de forma que no sólo vos te darás cuenta sino la gente que te rodea a diario en el trabajo, la casa, tu lugar de estudio o con los amigos. Yo veo y experimento esos cambios fantásticos no sólo en mí mismo –fui y sigo siendo mi primer conejillo de Indias– sino en cientos de personas con las cuales tengo la suerte y alegría de trabajar en diferentes organizaciones. Quiero compartir con todos ustedes estos conocimientos y ayudarlos a ser **más creativos**, lo cual además trae aparejada, como si fuera poco, una vida más plena y feliz.

¿Cómo llegamos los humanos hasta aquí? Podríamos decir que seguimos en la Tierra en particular gracias a dos movimientos continuos: la evolución biológica y la cultura. Evolucionamos biológicamente según las mutaciones que de manera azarosa ocurren en nuestros genes, y luego la naturaleza se dedica a elegir para que perduren sólo aquellos cambios favorables a vivir en el ambiente, proceso conocido como selección natural. Esto sucede fuera de nuestra conciencia o control. En lo que respecta a la cultura, es nuestra creatividad su actor principal y genera grandes cambios de paradigmas. Este proceso de cambios culturales es absolutamente consciente.

La creatividad sería así el equivalente cultural del proceso de los cambios genéticos que da como resultado nuestra evolución.

Hoy sabemos que ciertas mutaciones permiten que

algunos individuos desarrollen un sistema nervioso en el cual descubrir cosas nuevas, fundamental para el desarrollo de la creatividad, estimula los centros de placer del cerebro. Es decir, como algunos individuos son entusiastas del sexo, de la comida, otros han evolucionado para ser entusiastas y obtener placer en aprender cosas nuevas. Sin embargo, la tendencia por lo nuevo, descubrir y explorar, no sólo depende de un componente genético, también parece estar influida por las experiencias vividas cuando éramos chicos. Si esto realmente es así, nuestros ancestros, que reconocían la importancia de lo nuevo, sin duda protegían a estos individuos que disfrutaban de ser creativos y aprendían de ellos. Protegerlos era importante, ya que gracias a su inventiva podían estar mejor preparados para hacer frente a las condiciones impredecibles y a las amenazas por la supervivencia.

No obstante, otra fuerza mucho más primitiva y poderosa que la creatividad también tuvo un rol mayor en nuestra supervivencia: la entropía. Conservar nuestra energía. Esto ocurre fundamentalmente cuando no tenemos demandas externas. Allí, la entropía juega un rol preponderante en el control de nuestro cuerpo y mente. Esta gran necesidad de conservación de la energía es tan poderosa que cuando tenemos tiempo libre lo relacionamos de inmediato con el descanso. Ir al parque a caminar, mirar una película, leer un libro o sólo contemplar el techo. Poner piloto automático. No gastar energía. Es como si los humanos, entonces, estuviésemos tironeados por dos instrucciones programadas opuestas del cerebro: por un lado, el menor esfuerzo imperativo (entropía) y, por el otro, la exploración y búsqueda de lo nuevo (creatividad).

En la gran mayoría de nosotros, la entropía parece tener más fuerza que el placer por descubrir desafíos o ideas nuevas. Sin embargo, y por suerte, algunas personas parecen responder mucho más fuerte al placer por el descubrimiento. Pero, sin importar con cuál de estas dos instrucciones te sentís más identificado ni en qué dominio o momento de tu vida suceda, la creatividad es muy disfrutable. Nos sentimos muy bien cuando nos sucede.

Recapitulando. Al nacer tenemos dos instrucciones bastante contradictorias. Por un lado, un *software* del cerebro con una tendencia a conservarnos; fundamentalmente, desde nuestros instintos de autopreservación. Ahorrar energía. Pero, por el otro, una instrucción con una tendencia más expansiva, orientada hacia la exploración, a disfrutar lo nuevo, a tomar ciertos riesgos. Es la curiosidad que observamos en todos los chicos. Esta última instrucción conduce a la creatividad. A pesar de que necesitamos ambos "programas", el primero no requiere mucho esfuerzo, apoyo o motivación para lograrlo. El segundo, el de la creatividad, es difícil de ser cultivado por sí solo. De adultos, en el trabajo o en la vida en general, se nos presentan pocas oportunidades para ser curiosos. Existen demasiados obstáculos para tomar ciertos riesgos o para explorar. Por ello, la motivación necesaria para comportarse de manera más creativa se extingue con rapidez, y eso deriva en que la gran mayoría de nosotros no nos consideremos o no nos sintamos creativos.

Mientras que los genes pasan de generación en generación de modo automático, no sucede lo mismo con los inventos y las ideas. Cada niño tiene que aprender de nuevo, desde el comienzo, cómo usar el fuego, la rueda o la energía atómica. Estas unidades de información que debemos aprender para que nuestra cultura continúe son conocidas como "memes", término acuñado por Richard Dawkins en su libro *El gen egoísta*. Todo lo que comprende al lenguaje, los números, las teorías, las canciones, las leyes, los valores de todos estos memes tienen que pasar a nuestros hijos para que sean recordados. Por todo esto los memes podrían ser considerados los equivalentes culturales a los genes.

Una persona muy creativa puede cambiar un meme. Y si una cantidad apropiada de otras personas considera que este cambio es una mejora para la sociedad, entonces se convierte en una parte nueva de la cultura. Nuevas canciones, nuevas ideas, nuevas máquinas, de eso se trata la creatividad. Pero los memes no suceden de manera automática, como ocurre en la evolución biológica con los genes y sus mutaciones. Es decir, existe un precio a pagar para que esta creatividad suceda. Lleva esfuerzo y energía cambiar las tradiciones, y este esfuerzo conlleva un aprendizaje. Para aprender tenemos que prestar atención, un recurso limitado, a la información que nos es dada. No podemos procesar muchísima información al mismo tiempo y nosotros, siempre ocupados y corriendo, contamos con pocas oportunidades para pensar nuevas ideas. Gran parte de nuestro tiempo está comprometido con tareas de supervivencia y con el día a día de nuestros hogares y trabajos.

Lo que significa que para llegar a ser muy, o más,

creativo en alguna disciplina, o en algún ambiente en particular, uno tiene que tener una cantidad de atención disponible para poder lograrlo. Si estamos todo el tiempo ocupados, es muy difícil que se nos ocurran ideas diferentes que puedan cambiar o mejorar un producto, una canción, una forma de vivir, etcétera. Necesitamos nuestra atención al servicio del desafío creativo que nos atañe.

Definamos: la creatividad es la actividad mental a través de la cual en algún momento una revelación o *insight* ocurre dentro del cerebro y trae como resultado una idea o acción nueva que tiene valor. Es romper con nuestros patrones habituales de pensamiento. Esto nos sucede a todos, más o menos seguido. Si nos referimos a las ideas que van a cambiar paradigmas o memes dentro de una tradición, cultura o disciplina de trabajo, la decisión de que sea nueva y tenga valor provendrá de la aprobación de la gente que conozca el medio o la disciplina donde esa idea o acción se esté tratando de implementar. De esta manera, cuando la gente lo apruebe y acepte, habrá pasado por una especie de evaluación social que dirá: “Esto realmente es creativo”. Por lo tanto, la creatividad no sucede sólo en la cabeza de las personas sino también en la interacción de los pensamientos con su contexto sociocultural. Resulta un fenómeno sistémico más que un fenómeno individual.

Otras definiciones sobre la creatividad: alguien que expresa pensamientos poco comunes y que está interesado y estimulado; personas que experimentan el mundo de manera novedosa, original; personas que tienen una percepción fresca, que no juzgan tanto y que pueden tener ciertas revelaciones que les permiten generar ideas o productos o acciones que terminen siendo descubrimientos importantes.

La farolera tropezó

Imaginemos por un instante que estamos en el último piso de un edificio alto y podemos contemplar la ciudad de noche, una gran ciudad. Si prestamos un poco de atención, notaremos algunas zonas, no muchas, con las luces encendidas. Si logramos distinguir los autos que deambulan por la noche en esa ciudad, también veremos que, en general, sólo unas pocas avenidas, iluminadas tanto por sus faroles como por esos autos que las transitan, tienen luz a esa hora. El cerebro es un poco así, como una ciudad en penumbras, pero siempre con algunas avenidas, calles y luces encendidas.

Nuestro cerebro, siguiendo esta metáfora, cuenta con muchas posibilidades de iluminación. Podemos encender un montón de faroles –conectar neuronas–, pero son pocas las avenidas –surcos neuronales– prendidas, conectadas, utilizadas todo el tiempo. Esto pone de manifiesto que tendemos a utilizar la misma información para resolver cualquier tipo de problemas. Es decir, buscamos en estas calles iluminadas por información conocida algo que ya hemos visto, que ya hemos experimentado. Sin embargo, tenemos siempre la posibilidad de recorrer otras calles y avenidas que están menos iluminadas y de buscar material nuevo, ideas o soluciones creativas.

Es como si viviésemos en un modo semiautomático donde las respuestas a nuestras problemáticas y desafíos provienen en su mayoría de nuestras experiencias, certezas y cultura. Podríamos decir que éstos son los nombres de las tres grandes avenidas que están encendidas todo el tiempo.

Recordemos que, por la fuerza de entropía, el cerebro es un gran conservador de energía. Para nuestra supervivencia siempre fue y es positivo guardar un poco de aquélla por las dudas de que suceda algo imprevisto y debamos escapar o pelear. Esto produce que, ante un desafío intelectual, primero busquemos información en lo ya conocido.

Vivimos de experiencias, entonces siempre encontraremos información allí. Pero si queremos buscar nuevas formas o ideas, si queremos inspirarnos, tener una revelación para construir algo creativo, deberemos hacer un esfuerzo para encender y conectar otras neuronas. Esfuerzo significa gasto de energía. Si lo logramos, podremos encontrar distintas posibilidades y respuestas para una misma pregunta, problemática, objetivo o desafío. De ahora en más los llamaremos nuestros **desafíos creativos**.

Cuanto más claro tengas cuál y cómo es tu desafío creativo, más efectivo serás para resolverlo. Pensá que tu desafío creativo es como la imagen del rompecabezas terminado en la tapa del juego; sin ella, sería muy difícil que pudieras resolverlo.

Cuando nos levantamos a la mañana y tenemos que ir a trabajar o a la escuela o la universidad, o hacia donde nos dirijamos todos los días... ¿Por dónde vamos? Siempre o casi siempre tomamos el mismo camino. La misma avenida, las mismas calles, el mismo subte o la misma línea de colectivo. Me animaría a decir que podemos cambiar dos, tres, cuatro veces como máximo la ruta para llegar a donde tengamos que ir cada mañana. ¿Para qué tomar otras calles o colectivos, si sabemos (**certeza**) que vamos a llegar por ese mismo camino (**cultura** y **experiencia**)? El cerebro no quiere esforzarse ni gastar energía en lo que ya conoce. Tiene patrones y estructuras de pensamiento que se van estableciendo en nuestras redes neuronales según pasan los años y se acumulan experiencias. Las avenidas iluminadas de la gran ciudad. Como veremos, el proceso creativo **desinhibirá** esos patrones y estructuras para permitirse diferentes **posibilidades** de pensamientos.

No pienso, luego existo

El cerebro es un órgano maravilloso.
Empieza a trabajar no bien te despertás
y no para hasta que llegás a la oficina.
ROBERT FROST

En la escuela primaria empezamos a jugar cada vez menos. Nuestra educación está basada en procesar información sobre lo que ya sucedió, sobre lo que pensaban muchas de las personas que ya no existen y sobre qué es lo que existe hoy. Es decir, la gran mayoría de nuestras respuestas se basa en información conocida. "Respuesta" y "responso" tienen la misma raíz etimológica, responso es el rezo que se hace a los difuntos. Forzando los términos, hay algo ya muerto en las respuestas que damos. Lo que sucede al hacer esto es que estamos dejando de pensar. Nos enseñan a no pensar. En otras palabras, cuando pensamos que conocemos las respuestas, basados en nuestra educación, en ese momento nuestros pensamientos mueren. Y éste es el motivo por el cual a muchos de nosotros nos cuesta tanto usar nuestra imaginación y creatividad para desarrollar ideas nuevas. Nuestras ideas están estructuradas de manera fuerte y predecible en propiedades muy particulares, categorías o conceptos muy determinados. Pensar de manera creativa requiere la habilidad de generar asociaciones y conexiones entre dos o más temas bien diferentes. De esta manera se pueden crear nuevas categorías y nuevos conceptos, pero no nos enseñan a procesar la información así.

Entrada en calor mental —para generar asociaciones y conexiones entre dos o más temas totalmente diferentes—. Técnicas de Edward De Bono:

Elegí cuatro palabras aleatorias.

Basándote en algún criterio, quedate con tres de ellas.

Ejemplo: perro, nube, agua y puerta.

Criterio 1: El perro, el agua y la puerta entran en la misma casa pero las nubes no.

Criterio 2: Las palabras perro, nube y puerta llevan letra "e" y agua no.

Otros...

Elegí seis palabras de manera aleatoria y dividilas en dos grupos de tres. Cada grupo tiene que tener su propio criterio de selección.

Escribí de manera aleatoria dos listas (A y B) de cuatro palabras cada una.

Elegí algún criterio para asociar una palabra de la lista A con otra de la B.

Escribí una lista de cinco palabras aleatorias.

Elegí una de esas cinco palabras y buscá criterios para asociarla con cada una de las otras cuatro.

Elegí dos palabras aleatorias.

Combinalas de manera tal que puedas crear un negocio con ellas.

Agregá una tercera palabra aleatoria.

Pensá cómo esa nueva tercera palabra podría hacer que se obtengan aún más beneficios en el negocio.

Agregá una cuarta palabra aleatoria.

Ahora pensá cómo esa nueva cuarta palabra podría hacer que el negocio sea sustentable y amigable con el medio ambiente.

Elegí cinco palabras aleatorias.

Decidí con algún criterio cuál es la más cara, cuál es la más útil, cuál es la más peligrosa, cuál es la más atractiva, cuál es la más duradera, cuál es la más barata, etcétera.

Elegí cinco palabras aleatorias.

Seleccioná dos que serán los extremos de un puente.

Empezá a relacionar las palabras de tal forma que cada una esté asociada con algún criterio con la palabra de la derecha.

Elegí dos palabras aleatorias.

Creá con esas dos palabras el escenario de un asesinato.

Agregá tres palabras aleatorias. Cada una de esas palabras tiene que ser una pista de ese asesinato. Con esas pistas construí una hipótesis de cómo tuvo lugar ese asesinato, incluso quién lo pudo haber cometido.

Elegí cuatro palabras aleatorias.

De esas cuatro, seleccioná con algún criterio dos que sean contrarias en algún aspecto.

Elegí cuatro palabras aleatorias.

Escribí utilizando esas palabras exactas (no derivadas ni asociaciones) un titular de diario.

Escribí el copete de ese titular.

Dicho de otra forma, químicamente pensamos de manera reproductiva, es decir, sobre la base de los problemas que nos hemos encontrado en el pasado. Enfrentamos nuevos problemas fijados en algo que ya nos ha ocurrido o que ya hemos trabajado con anterioridad. En el inconsciente nos preguntamos: ¿Qué aprendí en mi vida? ¿Qué aprendí en mi educación, en mi trabajo, sobre este problema? Entonces, el cerebro selecciona de manera analítica el enfoque más prometedor basado en experiencias pasadas y así excluye otro tipo de tratamiento. Trabaja de manera clara y definida en dirección a una solución del problema utilizando enfoques pasados. No somos conscientes de que hacemos esto. Es lo que llamamos "patrones dominantes de pensamiento". Es importante reconocer que estos patrones simplifican muchas veces las complejidades de la vida. Poder hacer nuestro trabajo, manejar un auto o subirnos a una bicicleta sin caernos, todo es gracias a estos patrones mentales que simplifican la asimilación de datos complejos.

Dos grupos de cientos de estudiantes universitarios recibieron la siguiente consigna:
Grupo 1: Tenés siete años y la escuela hoy no abre sus puertas. Tenés todo el día para vos. ¿Qué harías? ¿Adónde irías? ¿Qué mirarías?

Grupo 2: Tenés todo el día para vos. ¿Qué harías? ¿Adónde irías? ¿Qué mirarías?

Luego de que ambos grupos escribieran las respuestas durante diez minutos, se les dio una serie de acertijos y test de creatividad; por ejemplo, encontrarle un uso alternativo al neumático de un auto muy viejo. El grupo 1, que por un instante se sintió de siete años, fue de lejos mucho más creativo en los acertijos y generó el doble de ideas que el grupo 2.

Podemos recuperar nuestra creatividad perdida, pretendiendo ser chicos otra vez.

El pensamiento creativo es pensar productivamente. Al enfrentarnos con un dilema, preguntarnos primero cuántas formas distintas hay de mirar ese problema, cuántas formas de repensarlo, de resolverlo, en lugar de preguntarnos qué hemos aprendido para solucionarlo. La idea es tratar de llegar a diferentes respuestas, muchas de las cuales quizá sean muy poco convencionales y algunas, posiblemente, únicas. Además, el pensamiento reproductivo, que nos caracteriza, fomenta un pensamiento muy rígido. Debido a esto, muchas veces fallamos al intentar resolver un problema. En general, las respuestas que encontramos son muy similares o al menos superficialmente similares a experiencias pasadas. El pensamiento reproductivo nos conduce a ideas típicas y poco originales. Si vos siempre pensás de la manera en que siempre pensaste, vos siempre vas a obtener las mismas viejas ideas que siempre obtuviste.

TÉCNICA DE LAS SEIS PALABRAS

¿Cuál es la esencia de tu desafío creativo? ¿Podés escribirlo y describirlo en una frase con sólo seis palabras? "Hacer lo que es imposible hacer." "Clientes felices de consumir mi producto." "No me llevo ninguna materia a marzo." "Suerte que todavía no me casé", etcétera.
Reducir un problema complejo en una frase simple de seis palabras estimula tu imaginación.

Para poder generar, creativamente, distintas asociaciones y conexiones entre temas diferentes se necesita mezclar conceptos. Esto es una de las formas de pensamiento creativo. Como veremos a continuación, para lograr la mezcla de **conceptos** (*conceptual blending*) hay que desinhibir los pensamientos y dar lugar a diferentes posibilidades. Mezclar dos o más conceptos en un mismo espacio mental da forma a las nuevas ideas. Los niños son expertos en *conceptual blending*. Cuando somos pequeños, nuestros pensamientos son como un vaso de agua: inclusivos, fluidos y claros. Todo se mezcla con todo y todo se puede combinar, realizando un montón de conexiones y asociaciones posibles. Por eso, los chicos son creativamente espontáneos. Pero en la escuela nos enseñan a definir, segmentar, segregar y etiquetar en categorías separadas. Estas categorías permanecen divididas toda nuestra vida y no se tocan entre ellas. Es como si ese pensamiento líquido de los chicos se congelase dentro de cubeteras. Cada cubito representa una categoría; dicho de otra forma, nuestros pensamientos se congelan.

Pablo Picasso decía que todo niño es un artista, y el problema es cómo permanecemos o cómo continuamos siendo artistas una vez que crecemos.

Conceptual blending histórico

Cuando estudiamos los grandes inventos, de este siglo y del pasado, podemos preguntarnos: ¿Somos más creativos hoy que hace cien mil años? Pero ¿y el fuego, la lanza, la rueda, la canoa, la agricultura...?

La primera gran idea creativa de la humanidad quizás haya sido el hecho de poder hacer fuego frotando dos rocas. Puedo imaginarme a esos primeros humanos observando en las tormentas algunos de los rayos que caen en la tierra y encienden fuego un árbol, y cómo el viento ayuda a que ese fuego se propague en la sabana africana. También me los imagino utilizando el ruido del choque de dos rocas para ahuyentar a algunos depredadores. Al hacer esto verían, en ocasiones, el chispazo que podían producir estas dos rocas chocando. Estos humanos –sin haber recibido una educación formal como muchos de nosotros– realizaban en sus mentes una mezcla de conceptos. Las rocas al chocar, los rayos al caer sobre los árboles prendiéndoles fuego, y el viento al esparcirlo. Mezclaron estos conceptos y crearon el fuego con sus propias manos, chocando dos rocas y frotando palos. No había escuelas para enseñarles cómo hacer fuego, no había científicos ni artistas ni filósofos. Nada que estructurara la imaginación de estas personas, ésta era absolutamente pura. Pensaban de la manera con la que habían nacido para pensar, es decir, de manera natural y espontánea. Podían combinar conceptualmente distintas esencias, funciones, características, patrones que ellos percibían en el ambiente o el contexto donde vivían. Algunos expertos antropólogos, por ejemplo, especulan que aquellas primeras personas se inspiraron al observar las telarañas e hicieron las redes para atrapar insectos, cazar animales más grandes y pescar. Combinaron conceptualmente, y luego integraron, los huesos, las piedras y las maderas e hicieron distintas herramientas o armas para poder cazar y matar distintas presas. En esa misma época, pintaban y dibujaban las experiencias por ellos vividas, contando así sus historias. Es allí donde nace el arte.

Uno más uno igual a uno

Volvamos al presente y veamos los patrones de pensamiento lógico en acción. Supongamos que me enfrento con el siguiente desafío creativo: "Ideas para mejorar piscinas o la experiencia de los nadadores en las piscinas". Como yo sé con exactitud –porque lo aprendí en el pasado– qué es una piscina, mis patrones dominantes de pensamiento irán a descongelar el cubito de hielo "categoría piscinas" para buscar allí una respuesta a mi desafío. No importa cuántas veces descongele ese cubito, lo máximo que podré lograr, o crear, es una mejora muy marginal. Mis recursos están limitados sólo a lo que aprendí sobre las piscinas y los nadadores. Ahora imaginemos que logro derretir otro cubito "categoría grúas de construcción" y lo pongo en el mismo vaso, con el de "categoría piscinas". Si se derriten juntos y se mezclan, se convierten en algo fluido. Uno más uno es igual a uno, no a dos. Al mezclar esa agua voy a empezar a asociar y conectar un montón de posibilidades mucho más creativas. Puedo pensar en una piscina que se eleve como si fuese una grúa, en una piscina de acero o incluso en una con poleas para moverla de un lugar a otro. La mezcla de conceptos puede conducir a efectos **extraordinarios** y, muchas veces, sugerir o aportar ideas totalmente creativas o nuevas. Hasta podríamos decir que la creatividad en cualquier tipo de disciplina, ya sea arte, ciencia o tecnología, o en el día a día, surge cuando la mente puede mezclar conceptos o temas totalmente distintos. Es más, al revisar las ideas más creativas que han ocurrido en la historia de la humanidad, éstas siempre surgen de la combinación de viejas ideas; en otras palabras, la combinación novedosa de cosas ya conocidas.

Estamos educados para ser pensadores lógicos y analíticos. Por ello, nuestra habilidad para hacer asociaciones entre temas que están poco o nada relacionados no es muy buena. Nos resulta muy difícil asociar cosas que al parecer no están conectadas, como la piscina y la grúa. Esta escasa destreza para asociar conceptos poco relacionados limita muchísimo nuestra habilidad para ser creativos. Construimos paredes mentales entre distintos conceptos, cubitos de hielo en cubeteras separadas.

Técnica: Uno más uno igual a uno

Cuando a una gota de agua se le agrega otra, forman una sola gota de agua y no dos. Cuando a un concepto se le agrega otro, se convierte en un concepto nuevo y no en dos conceptos separados. Uno más uno es uno.

Para estimular tu imaginación:
Escribí diez nombres de las personas que más querés en el mundo, luego fijate con qué letra empieza cada nombre. Por ejemplo, si es María la "M", si es Alejandro la "A", etcétera.
Por cada una de esas letras escribí rápido algún objeto que se te ocurra; por ejemplo, "M" mono y "A" avión.
Combiná de a pares esos dos objetos para crear algo nuevo. Por ejemplo, "mono" más "avión", un avión en forma de banana.

....

....

....

....

....

....

....

....

....

....

Además de la mezcla de conceptos, otra forma de liberarse de estos patrones para obtener ideas creativas es pensar en términos de esencia y principios. Uno se deshace de las palabras, categorías, etiquetas de los objetos y las cosas que nos rodean, tal cual lo vivían nuestros primos lejanos africanos.

La esencia de un auto es transportar gente; la de un cepillo de dientes, limpiar. El principio de una afeitadora descartable es el de herramienta muy filosa. Si me enfrento con el desafío de "ideas para mejorar los depósitos de un banco", la técnica sería pensar cuál es la esencia de un depósito. Digamos que su esencia podría ser: "guardar el dinero de la gente de manera segura para su futuro". Pensemos qué otras cosas, objetos, animales, etcétera, guardan algo de manera segura: las ardillas guardan su alimento para el invierno; los muchachos del *valet parking*, los autos para que la gente vaya a cenar; en el puerto los contenedores, diferentes mercaderías; los hangares, aviones; etcétera. Ahora empiezo a asociar y relacionar todos estos objetos, animales y cómo hacen para guardar sus cosas para ver si de allí surgen ideas nuevas para mejorar los depósitos. Por ejemplo, en invierno (asociando con la ardilla) la tasa que pague el banco puede ser más alta para estimular así a la gente a depositar su dinero cuando hace más frío.

Otra técnica similar es la de convertirse en parte del problema. Si seguimos con el mismo ejemplo de los depósitos, imaginemos ahora que somos un depósito bancario. Sos el lugar donde se guarda la plata. ¿Qué le dirías al banquero? ¿Qué le dirías al cliente? ¿Cómo te gustaría estar? ¿Cómo te gustaría ser? ¿Te gustaría estar adentro, afuera, ser grande, chiquito, de colores? A medida que uno va respondiendo, imaginándose en este caso ser un depósito bancario, pueden surgir nuevas y creativas ideas.

TÉCNICA: SOY EL DESAFÍO

Imaginate que sos el problema —o parte de él— de tu desafío creativo.

Mirá la situación desde esa perspectiva: ¿Cómo me sentiría si tal cosa? ¿Qué me diría eso, si fuese yo? ¿Qué sentiría si yo fuese esa idea que estoy desarrollando? ¿Qué recomendación me haría a mí mismo?

Las tres técnicas, la mezcla de conceptos, la esencia o principio de los desafíos y convertirse en parte del problema buscan la introducción del azar para romper con los patrones de pensamiento lógico.

TÉCNICA: LA ESENCIA DEL DESAFÍO

Si tu desafío creativo es querer llevar una vida más tranquila, más relajada, preguntate: ¿Qué cosas son tranquilas? ¿Qué cosas son relajadas? ¿Quiénes van despacio? ¿Las tortugas? Bueno, ¿cómo son las tortugas? Y de ahí empezar a asociar y sacar ideas para tu desafío.

Pensar en términos de principio y esencia, lo que hace es liberar la imaginación de los impedimentos o las trabas que pueden poner a veces las palabras, las categorías o etiquetas.

TÉCNICA: EL PRINCIPIO DEL DESAFÍO

Si mi desafío creativo es mejorar el lavado de autos hacé una lista de todas las otras cosas que se lavan (el pelo, la ropa, las calles, las uñas, los perros, etcétera). El principio del problema es el "lavado", "lavar", "limpiar".
Generá conexiones, relaciones y asociaciones que puedas adaptar para tu lavadero de autos.

Leonardo da Vinci fue el primero en escribir sobre la importancia de introducir variaciones en el azar para poder crear patrones diferentes de pensamiento de aquellos establecidos por nuestra educación y experiencia. Da Vinci encontraba ideas maravillosas inspirándose en objetos sin conexión o al azar. Su desafío era mezclarlos conceptualmente con sus problemáticas. Podía llegar a mirar las manchas en una pared o las cenizas que quedaban luego de un fuego, la forma de las nubes o los patrones en el barro. Uno de los aspectos más interesantes en relación con estas técnicas es que cuando nos concentramos en dos objetos, conceptos o ideas diferentes por completo o al parecer no conectadas, no importa cuán lejanos sean, el cerebro va a lograr una conexión. Las metáforas son una explicación de este fenómeno. Si decimos: "ojos que no ven, corazón que no siente", de inmediato todo el mundo entiende de qué se trata. Sin embargo, no existe una relación directa entre los ojos ciegos y el corazón. No hay una forma de conexión lógica en esta frase, pero la entendemos. Lo que hace nuestra mente es tomar dos conceptos diferentes, no relacionados, y mezclarlos conceptualmente: *Si no vemos o conocemos a la persona, no podemos sentir algo por ella.*

Técnica de Leonardo da Vinci

Leonardo decía que hasta que algo no era percibido por lo menos desde tres o cuatro perspectivas distintas, uno no podía comprenderlo realmente. Un conocimiento completo y real sólo proviene de sintetizar todas esas perspectivas en una.

Por ejemplo, cuando él diseñó la primera bicicleta, pensó su desafío desde el lado del transporte (cuál sería el mejor diseño como inventor), desde el de los inversores (quiénes podrían financiar los prototipos y la producción de estas bicicletas), desde el del consumidor final (quién usaría esas bicicletas) y desde el de las ciudades (donde esas bicicletas serían usadas). Luego sintetizó todas esas perspectivas en el diseño final de la bicicleta.

Existen ya estudios de psicólogos educacionales que demuestran cómo la multiplicidad de perspectivas genera un desarrollo de la creatividad y también de la conciencia de cómo son realmente las cosas.

Derivado de la mezcla de conceptos, podemos realizar la técnica de mezcla de problemas. Trabajar en un desafío y, de manera superpuesta, en otro. A veces un problema contagia e infecta al otro, y esto te permite asociar y relacionar ideas de uno con el otro. En general, estamos acostumbrados a resolver algo y después pasar a la siguiente cuestión. Un buen consejo es ver qué sucede si nos dedicamos a dos problemas al mismo tiempo.

Imaginemos que estamos haciendo una torre con cartas, como hacíamos muchas veces cuando éramos más pequeños. La torre empieza a subir y a crecer de una manera absolutamente predecible hasta que de repente, sin ninguna advertencia, llega a un punto crítico de equilibrio y colapsa. Lo mismo sucede cuando introducimos algún objeto, concepto o idea al azar, y lo mezclamos con el desafío dentro de nuestra imaginación. Puede que en algún momento, de manera azarosa y sin advertencia, estimule un pensamiento que produzca que algunas neuronas se enciendan y conecten. Esto provocará que otras neuronas vecinas también lo hagan, causando una cascada de actividad cerebral que se propagará en pequeñas redes de neuronas de la misma forma en que las cartas se caen unas sobre otras cuando colapsa la torre. Antes de caer la torre tiene su organización propia y al colapsar adquiere otra organización. En el cerebro, nuestros pensamientos empiezan a construirse y llegan a un momento crítico donde se reorganizan en nuevas ideas.

Sin duda, la **naturaleza** es la fuerza creativa más importante de todas. Siempre aprendimos que la naturaleza es extraordinariamente productiva, que crea una gran cantidad de especies, y lo hace a través de ensayo y error. Luego llega el proceso de selección natural, que decide cuál de ellas sobrevivirá. Se especula que el noventa y cinco por ciento de las especies desaparece. Con el tiempo, la biblioteca de genes que sobreviven a las condiciones ambientales se estabiliza. Estos genes sufren mutaciones que van generando variaciones de las especies. La especie cuya biblioteca de genes no tenga variaciones no podrá adaptarse a los cambios circunstanciales del ambiente. Como consecuencia, ese ser vivo tenderá a desaparecer. La variedad es necesaria en la naturaleza. Un proceso comparable sucede en nuestro cerebro. Tenemos la capacidad de crear ideas, y esto lo hacemos basados, en especial, en nuestros patrones existentes de pensamiento (biblioteca de genes). Estos patrones fueron formados de acuerdo con nuestra experiencia. Pero si no logramos variar estos patrones (mutaciones), eventualmente, las ideas van a resultar todas parecidas o iguales y van a perder esta ventaja adaptativa (la especie desaparece).

Ayer estaba bañando a Uma, hoy ya de tres años, y en un momento me dijo: "Papá, alcanzame esas dos cucharas". Y yo le contesté: "No hay cucharas, estamos en el baño", y mentalmente pensaba: "las cucharas están en la cocina". Ella insistió: "Papá, papá, alcanzame las cucharas, por favor, estoy jugando, quiero las cucharas". Me indicó con su mano y lo que estaba señalando eran los dos cepillos de dientes. Su imaginación hace posible cualquier cosa, no está tan estructurada porque todavía no tiene incorporados los conceptos y las categorías que se empiezan a construir en la niñez, en especial, en la escuela. Cuando somos chicos no tendemos a eliminar posibilidades, sino a expandirlas. A esa edad, además de ser todos muy creativos, también disfrutamos mucho de la **exploración**, indispensable para la estimular la creatividad. ¿Cómo llamarías de manera diferente al primer capítulo de este libro? ¿Por qué?

CAPÍTULO 2

Cerebro/mente

Me pareció ver un lindo leopardito

Cuando nuestro cerebro se terminó de formar hace unos cien mil años, vivíamos en un mundo muy hostil. Salíamos a cazar para poder subsistir. Debido a las condiciones ambientales y a los depredadores que deambulaban, estábamos en un estado de alerta bastante permanente: al acecho de una presa, pero también teniendo mucho cuidado de que no apareciera un depredador. En ese momento, los más temibles eran los leopardos.

Como vimos, el cerebro evolucionó eficazmente para conservar una cantidad importante de energía, por las dudas de que sucediese alguna amenaza para su vida. En general, las mujeres cuidaban a los hijos, recolectaban frutos, semillas, algunos roedores, pero también estaban en un estado de alerta. Aquellos hombres o mujeres que no tuviesen esa reserva de energía en el cerebro, y no pudiesen escapar o defenderse de un imprevisto, probablemente iban a ser comidos. Es decir, no tendrían tantas chances de dejar descendencia.

Les propongo el siguiente ejercicio: cierren los

ojos y piensen durante treinta segundos en una puesta de sol; ábranlos y describan cómo y dónde era. Quizá –me animaría a decir que con seguridad– hayan pensado en un crepúsculo muy conocido o experimentado por ustedes, en el mar, la montaña, el campo. Ésta es otra muestra de que el cerebro no quiere gastar energía en algo que ya conoce. Si le piden una tarea al disco rígido del cerebro, buscará, en esas avenidas encendidas, en lo conocido, en lo que no requiere esfuerzo o requiere el mínimo. Conocemos puestas de sol y cuando le pedimos al cerebro que nos traiga una, éste va a traer alguna muy vista y no va a encender otras neuronas o a imaginarse otra diferente; al menos en la gran mayoría de las personas. Por lo tanto, ser creativo no es tan fácil y requiere de esfuerzo, de conectar lo aparentemente no conectado, de transitar por calles de neuronas oscuras o apenas encendidas. En este libro estamos haciendo ese viaje.

A medida que conocemos nuestro cerebro, su evolución, sus límites y funciones, podemos aprender más de nosotros. Si bien muchas veces los eventos fortuitos se vinculan con los grandes descubrimientos de la humanidad, la frase del célebre bioquímico y escritor de ciencia ficción soviético Isaac Asimov, "la suerte favorece sólo a la mente preparada", se ajusta mucho a las apariciones de las tan deseadas revelaciones creativas, que todos tenemos pero podemos prepararnos para tener más. Hoy los estudios muestran que hasta un sesenta por ciento de nuestros problemas los resolvemos mediante dichos fenómenos. Esto significa que las personas no pueden explicar de manera lógica y secuencial cómo llegaron a una solución. Conocer lo más posible sobre el estado de tu auto antes de salir de vacaciones te asegura un viaje más seguro; entonces, conozcamos nuestro recurso más preciado, el cerebro, y preparémoslo para el viaje más importante... nuestra vida.

Nosotros, nuestro cerebro

Sin duda, nuestro cerebro es el sistema más complejo de todo el universo. Gracias a los increíbles avances tecnológicos en el estudio de la mente, se cree que la neurociencia representará en el siglo XXI lo que representó la microbiología en el XX, la química en el XIX o la física en el XVIII. Si bien en los últimos diez años hemos aprendido sobre el cerebro más que en toda la historia de la humanidad, todavía queda mucho por resolver. ¿Cómo se produce nuestra individualidad como seres humanos, nuestros talentos, nuestra personalidad? Cada intención, cada sueño y cada comportamiento comienzan en el cerebro, que está diseñado para resolver problemas relacionados con la supervivencia en un mundo inestable y en constante cambio y movimiento. Esto lo realiza simplemente como estrategia de pura supervivencia para que podamos pasar nuestros genes a la generación siguiente. Para vencer los infortunios del medio ambiente a lo largo de la historia del planeta y hoy pertenecer al pequeñísimo grupo de especies privilegiadas que sobrevivió, podríamos decir que esto pudo suceder por dos alternativas: ser más fuertes o inteligentes que los demás. Es decir, agregamos músculos al esqueleto o neuronas al cerebro. Nosotros hicimos lo último. Y esas neuronas que se fueron agregando en el córtex prefrontal –la última parte que se formó del cerebro actual– nos permitieron la separación de nuestros primos hermanos los gorilas.

La investigadora Judy DeLoache identificó lo que se conoce como la habilidad, muy humana, para razonar simbólicamente y la llamó "teoría de la representación dual", que es nuestra habilidad para atribuir características y significados a cosas que en realidad no los tienen. Es decir, nos podemos inventar cosas donde no las hay, somos humanos porque podemos fantasear. Cuando con mi hija jugamos a que los palitos de madera que encontramos bajo los árboles son aviones que aterrizan en la vereda, estamos siendo *muy* humanos. El poder de combinar símbolos nos da la capacidad del lenguaje, de la escritura, del arte, de la matemática. Podemos combinar puntos y garabatos para convertirlos en música o poesía, podemos combinar círculos y cuadrados para convertirlos en pinturas cubistas o geometría. Nuestra habilidad para el razonamiento simbólico o la representación dual no la traemos de la panza de mamá. Nos lleva casi los primeros tres años de vida ser completamente funcionales en este tipo de razonamiento. Por lo tanto, antes de esa edad no somos muy diferentes de los monos. Por ejemplo, si una nena de treinta meses juega con una casita de muñecas y pone un perro de plástico debajo de la camita de la muñeca, y se le dice que al lado hay un cuarto igual pero de tamaño real donde se encuentra escondido un perro, ella no tiene idea de dónde buscar cuando llega a esa habitación. A los treinta y seis meses, correría directo a buscar debajo de la cama grande. Gracias a este lenguaje simbólico podemos extraer un montón de información y conocimiento sin tener que pasar cada vez por la experiencia directa, a veces dura, de la realidad. Si me caigo en un pantano y logro sobrevivir y pongo un cartel que diga "cuidado pantano" o el dibujito de un pantano con una manito que sale de la superficie, nadie más caerá en esa trampa. Suena lógico que una vez que desarrollamos esta herramienta del cerebro la hayamos conservado. En definitiva, seguimos en el planeta porque **somos más inteligentes que los demás seres vivos**, y nuestra humanidad se debe en gran parte a la capacidad cerebral de fantasear.

Si bien ya no hay dudas acerca de nuestro potencial creativo, como todo proceso de aprendizaje, lleva su tiempo, **su evolución**. La práctica deliberada y continua de las técnicas que ofrezco en este libro te permitirá hacer más conexiones neuronales que estimularán la creación de pensamientos nuevos y diferentes en tu cerebro.

Evolución cerebral

Tenés que aprender a tocar tu instrumento. Luego, practicá, practicá, practicá. Y finalmente, cuando estés arriba del escenario, olvidate de todo eso y dejalo gemir.
CHARLIE PARKER

Los primeros protomamíferos –ancestros comunes a todos los mamíferos– datan de unos ciento ochenta a doscientos millones de años atrás. Treinta millones de años más tarde aparecen las primeras aves. Ambos tuvieron los mismos desafíos que reptiles y peces: ambientes difíciles y predadores hambrientos. Sin embargo, en proporción a su cuerpo, los mamíferos y las aves desarrollaron cerebros más grandes. Una diferencia importante consiste en que ni los reptiles ni los peces cuidan a sus crías, algunos hasta se las comen, y típicamente llevan una vida de solteros. Por el contrario, los mamíferos y las aves criamos a los pequeños y, en muchos casos, tenemos pareja, algunos para siempre. Dicho en términos de neurociencia, seleccionar una buena pareja, compartir la comida y mantener a los nuestros con vida requiere un proceso neuronal más importante; es decir, una ardilla o un loro son más vivos, *en términos científicos*, que una lagartija o un salmón. Planean, comunican, cooperan y negocian mejor. Estas últimas son las habilidades que las parejas de humanos descubren como esenciales cuando son padres, sobre todo si quieren seguir juntos. El salto siguiente en la evolución del cerebro fue la aparición de los primates, hace 80 millones de años. Monos y simios se caracterizan por su gran sociabilidad y llegan a pasar una sexta parte del día ocupados en limpiar y mimar a los suyos. Cuanto más éxito social obtienen, más descendencia dejan, y cuanto más complicadas se mantienen sus relaciones sociales, más complejos son sus cerebros.

Hoy por hoy, la mejor evidencia para conocer cuándo nos convertimos en humanos es la fabricación de herramientas. Si viajáramos por nuestra historia, podríamos decir que hace unos 2,6 millones de años nos dedicábamos a garabatear en las rocas y romperlas. Hacíamos hachas de piedra del tamaño de la palma de la mano. Desde ese momento hasta hoy, el cerebro ha triplicado su tamaño. Un millón de años más tarde, seguíamos con las mismas hachas de piedra, pero entonces empezábamos a hacerlas puntiagudas golpeándolas contra otras piedras. Nuestro primer ancestro directo, el famoso *Homo sapiens*, apareció alrededor de cien mil años atrás, y entonces se desarrollaba el córtex prefrontal. Luego algo increíble sucedió: cuarenta mil años atrás comenzábamos a pintar rocas, esculpir y fabricar joyas. Nadie sabe por qué el cambio fue tan rápido y abrupto pero la mayoría de los científicos le echa la culpa a la presión natural que el clima tan cambiante impulsó en la supervivencia de las especies. Se cree que unos dos mil individuos conformaban nuestra tribu de primeros ancestros en África oriental. Cien mil años más tarde somos más de siete mil millones. La teoría que explica cómo crecimos tanto, dadas las circunstancias antes mencionadas, refiere que no tratamos de vencer al clima sino de adaptarnos a la variación. No nos importó la constancia del hábitat porque ésta no era una opción. En lugar de aprender a sobrevivir en uno o dos nichos, como la mayoría de las especies, conquistamos toda la Tierra. Aquellos que no pudieran resolver los problemas del ambiente o aprender con rapidez de los errores no vivirían lo suficiente para pasar sus genes, y aquellos que no cooperaran con otros miembros del clan no vivirían por mucho tiempo y quizá no lograran dejar sus genes en la descendencia. El efecto final de esta evolución es que no nos volvimos más fuertes sino ¡más inteligentes! Y eso sucedió gracias a los cambios en nuestro cerebro.

Durante cien mil generaciones, desde que inventamos las hachas de piedra, aquellos genes que fomentaban las habilidades para relacionarse y la tendencia a cooperar fueron haciéndose fuertes entre los humanos.

Hoy vemos esos resultados en el altruismo, la generosidad, la preocupación por la reputación, la justicia, el lenguaje, la moral y la religión. Esto ocurrió gracias a la interacción de dos poderosas características del cerebro. Por un lado, una base de datos donde guardamos conocimiento, como un disco rígido, y, por el otro, la habilidad de improvisar con esa información.

Recuerdo que cuando era adolescente tomé clases de saxo y, muy rápidamente, quería estar componiendo e improvisando temas de bossa nova al mejor estilo Stan Getz. Ignoraba que necesitaba incorporar no sólo la teoría de la música, memorizar escalas y notas, sino también una comprensión profunda de ese estilo musical. Tenía que llenar mi disco rígido con datos e información para poder componer. Asimismo, para componer y mejorar mis canciones, era necesario improvisar sobre esa base de datos: usar mi creatividad. Los músicos de jazz estudian durante años para lograr dominar las reglas, sólo para poder romperlas lo más rápido posible. **Esta habilidad de poder improvisar y ser creativo usando nuestro conocimiento fue la que nos permitió sobrevivir frente a condiciones de vida tan cambiantes.** Hoy más que nunca, debemos utilizar estas capacidades muy humanas para hacer una diferencia en la sociedad, el trabajo, la educación y, de esta manera, tener una vida mejor.

Si no lo usamos, lo perdemos

Es muy probable que cada uno de ustedes pueda, salvo alguna condición de salud particular, correr una maratón de cuarenta y dos kilómetros. Para esto uno debe prepararse, entrenar, cambiar la alimentación y tener mucha disciplina. Lo mismo pasa con ese "músculo" cerebral creativo que todos tenemos; si no lo ejercitamos, es muy difícil que se desarrolle.

Como vimos, a medida que entramos en la escuela, el mundo se hace cada vez más lógico, más racional. Dejamos de usar, como lo hacíamos de chicos, nuestro músculo creativo, y esta habilidad se va perdiendo. **Si no lo usamos, lo perdemos.** La neurociencia ha demostrado mediante muchos estudios y distintas tecnologías que la habilidad está allí. Se puede desarrollar, tengas la edad que tengas. Es *vox populi*, y numerosos estudios lo han argumentado, que hay una actividad significativamente mayor en el hemisferio derecho del cerebro cuando estamos siendo creativos. Las redes neuronales de esta región, más allá de participar en procesos creativos, se pueden ejercitar. Para ello hay que realizar esfuerzos conscientes a diario.

El hemisferio izquierdo del cerebro trata con una cosa por vez y procesa la información de manera lineal; además, es responsable de que podamos escribir, analizar, abstraer, categorizar, usar nuestra lógica y nuestro razonamiento, juicio y memoria verbal, utilizar símbolos y comprender la matemática. El derecho puede integrar muchos *inputs* al mismo tiempo, nos brinda una **percepción** holística y logra encontrar similitudes. Allí se basa nuestra intuición y aparecen los *insights* o revelaciones. Además, experto en sintetizar, visualizar, reconocer patrones y relacionar las cosas con el tiempo presente, es también el mayor responsable de nuestras sensaciones. Por ejemplo, acordarse del nombre de una persona es función del hemisferio izquierdo mientras que recordar la cara pertenece al derecho. Leer un libro que te explique cómo jugar al tenis es función del hemisferio izquierdo pero sentir cómo la pelota tiene que impactar en la raqueta, del hemisferio derecho.

Técnica: Ambos hemisferios del cerebro

Escribí en una hoja todas las ideas que se te ocurran sobre tu desafío creativo, que sean las más deseables, extremas, sexis, las que parecen imposibles de realizar.
Escribí en otra hoja todas las ideas que sean bien prácticas, lógicas, bajadas a tierra.
Mirá las dos listas y tratá de conectar para ver qué surge.

VICTORIA

Ejercicios para activar más mi hemisferio derecho

Leer una historia o un cuento de ciencia ficción o algo imaginativo. Los estudios demuestran científicamente que cuando leemos un cuento, que requiere explorar distintos significados y el uso de nuestra imaginación, estamos también ejercitando el hemisferio derecho del cerebro. Leer historias, cuentos y novelas ejercita las habilidades intelectuales que necesitamos para pensar diferente, de una manera más creativa. Al hacerlo nos están invitando a poder explorar distintos significados, obteniendo una interpretación no literal de lo que leemos.

Hacer silencio. Al participar de actividades en las que no hablamos se suprime mucha de la actividad del hemisferio izquierdo. Esto hace reducir la activación de patrones de pensamiento de las redes neuronales dominantes. Es como bajar el volumen de nuestra mente consciente.

Cualquier actividad o juego que ejercite nuestra imaginación. Rompecabezas, juegos de mesa, palabras cruzadas, improvisar teatro o música, bailar sin coreografía y un montón de otras actividades relacionadas con todas éstas. No sólo nos ejercitan nuestra habilidad para generar múltiples perspectivas e ideas, sino que también nos permiten cultivar una actitud divertida sobre el proceso creativo. Somos mucho más creativos y exploramos mucho más ideas cuando somos pequeños. ¿Qué mejor manera que cultivar este acercamiento practicando o volviendo a ser niño?

Abrazar la ambigüedad. Aceptarla es crucial para poder acceder a múltiples significados, y eso es algo que le encanta hacer al hemisferio derecho. La ambigüedad nos permite ver un mar de distintas posibilidades.

El profesor John Kounios dice que, si estás trabado en algún problema difícil, pongas tu despertador unos minutos antes que de costumbre para que te dediques un tiempo semidormido acostado en la cama. Es allí donde tenemos nuestros mejores pensamientos. No te olvides de anotar lo que se te ocurra.

Huevo frito pisado

Enamorarte, andar en bici, disfrutar de un paisaje, el dolor de muela que no te deja dormir, la idea que tuviste que te pareció genial... Todo empieza en una neurona.

Como todo órgano, el cerebro está formado por diferentes tejidos, compuestos a su vez por unidades más pequeñas llamadas células. Todo organismo que tenga vida está compuesto por células. Si la vida es una gran obra de teatro, ellas son la parte de atrás del escenario, supervisando casi todo lo que experimentamos y nos sucede. Podemos imaginarnos a una célula típica como un huevo frito, donde la clara es el citoplasma y la yema, el núcleo. Allí adentro parece una gran ciudad donde todo sucede pero en tamaño micrón (un millón de veces más chico que un metro): transportes, hospitales, construcciones, comunicaciones, limpieza e higiene, educación, etcétera. En el núcleo se encuentra el famoso ADN, hoy tan temido por los delincuentes y asesinos. En el ADN están los genes, ladrillitos que llevan las instrucciones biológicas que determinan muchos de nuestros aspectos, como el color de ojos o cuán sensibles somos a las situaciones de estrés. Increíblemente eficiente, en el núcleo hay tres metros de ADN, empaquetado de manera muy particular; imaginen meter cien kilómetros de un cable de Internet dentro de una frutilla.

Todas las células del cuerpo son morfológicamente diferentes, según dónde estén y a qué se dediquen. Las células nerviosas también son diversas en forma y tamaño y tienen distintas funciones. Las más conocidas e importantes para los que nos compete son las neuronas. Si pisamos con el pie un huevo frito en el suelo y salpicamos todo, obtendremos la forma más parecida a una neurona; algo así como una estrella con muchas puntas. Si ponemos el dedo en las puntas y las estiramos, vamos hacia una forma multidentada. Eso es una neurona. Básicamente, consiste en un cuerpo celular (lo que quedó de la clara y la yema del huevo en el centro del piso), el axón y las dendritas (nuestras puntas de estrella y dientes). El axón está cargado de electricidad y se extiende desde el cuerpo celular hasta su objetivo; por ejemplo, otra neurona o algún tejido muscular. Las dendritas son las que reciben los mensajes de otras neuronas. Llamamos materia gris a la suma de todos los cuerpos celulares de las neuronas y materia blanca a los axones y otras células conocidas como gliales. Estas últimas tienen funciones de soporte, protegen a los axones y reciclan los mensajeros químicos del cerebro, los **neurotransmisores**. Los más conocidos de estos últimos son: Glutamato (excita a las neuronas que reciben información), GABA (inhibe a las neuronas que reciben información), Serotonina (regula el apetito mediante la saciedad, equilibra el deseo sexual, controla la temperatura corporal, la actividad motora y las funciones perceptivas y cognitivas), Dopamina (relacionada con la atención y las recompensas, promueve el comportamiento de acercamiento), Norepinefrina (alerta y excita), Acetilcolina (promueve el aprendizaje y estar despierto), Opioides (regulan el estrés, reducen el dolor y producen placer; incluyen el grupo de las endorfinas), Oxitocina (promueve el comportamiento de crianza hacia los chicos y la vinculación entre parejas, está asociada con el acercamiento y el amor, y las mujeres tienen más que los hombres), Vasopresina (apoya el vínculo entre parejas, en los hombres puede provocar agresividad hacia rivales sexuales), Cortisol (liberado por la glándula adrenal durante una respuesta estresante), Estrógeno (tanto el cerebro femenino como el masculino contienen receptores de estrógeno, y afecta la libido, el humor y la memoria).

Son alrededor de cien mil millones de neuronas las que componen el cableado cerebral. Constituyen los cimientos con los que se construye el sistema nervioso. Su principal función es comunicarse entre sí a través de pequeñas uniones llamadas sinapsis. Estas complejas criaturas cargadas eléctricamente están diseñadas para transmitir información a otras neuronas, y a través de los nervios, a los músculos y distintas glándulas. Estas últimas son pequeños órganos cuya función es sintetizar sustancias químicas, como las hormonas, para liberarlas, a menudo en el torrente sanguíneo. Cada señal neuronal es un pedazo de información, y el sistema nervioso es el que la mueve (al igual que el sanguíneo mueve la sangre). Toda esa información es lo que definimos como la mente en un sentido amplio. Pero atención: la mayor parte de la mente (algunos científicos hablan del ochenta por ciento) permanece fuera de nuestra conciencia; es decir, no tenemos idea de lo que está sucediendo allí. El término "mente" incluye las señales que regulan el estrés, el conocimiento para andar en bicicleta, la personalidad y muchísimas cosas más. El cerebro mueve y da forma a la mente. Cerebro y mente interactúan de una forma tan profunda que se comprende mejor como un único sistema codependiente. Este sistema está tan ocupado que, a pesar de representar alrededor del dos por ciento del peso del cuerpo, utiliza el veinticinco por ciento de la glucosa y el oxígeno que consumimos, la energía. Funciona las veinticuatro horas del día, siete días a la semana, los trescientos sesenta y cinco días del año; en consecuencia, utiliza casi la misma energía sin importar si dormimos o pensamos mucho.

Contacto

Te enamorás de alguien, para andar en bici necesitás una bicicleta, disfrutás una puesta de sol observando el astro dorado que cae detrás del horizonte, te duele la muela porque tenés una caries, aprendiste matemática al ver ecuaciones en el pizarrón, tuviste una idea genial para resolver un desafío en tu laburo... Si bien todo empieza en una neurona, son las interacciones entre ellas, como nosotros interactuamos con el mundo, las que mueven nuestra razón, nuestras emociones, NUESTRA CREATIVIDAD, nuestros instintos... nuestra mente.

La sinapsis es la unión que permite la comunicación entre neuronas. Imagínense las neuronas una detrás de otra como una avenida de mano única con semáforos. Si la señal que se está transmitiendo, mediante impulsos eléctricos y liberación de neurotransmisores, es la de frenar alguna actividad, el semáforo se pondrá rojo. Por el contrario, si la señal es comenzar o seguir haciendo algo, habrá onda verde hasta el último objetivo/destino de la información; por ejemplo, el pie para patear una pelota. Esta transmisión de información puede alcanzar desde dos milímetros hasta un metro de distancia. Cuando un impulso eléctrico se inicia, ocurre un cambio dramático en la neurona, conocido como "potencial de acción", donde la membrana del axón pasa de tener una carga negativa a una positiva. Esto sucede a una velocidad de ciento sesenta kilómetros por hora y puede disparar hasta mil veces por segundo. Por fin, cuando llega al extremo del axón, este cambio de voltaje gatilla la liberación de neurotransmisores que llegan y se pegan a la superficie de receptores especializados de las células del objetivo. Estos receptores actuán como interruptores que se encienden o apagan dependiendo del mensaje químico transmitido. Existen decenas de miles de este tipo de conexiones en una neurona, que pueden modificar a las células objetivo. Una neurona típica dispara entre cinco y cincuenta veces por segundo. Las neuronas se conectan con otras neuronas, músculo o glándulas formando un **trillón** de patrones distintivos que se reforman, crecen y migran a lo largo de nuestras vidas. Esta especificación y migración comienza en el embrión, alrededor de cuatro semanas después de la concepción. Gracias a un programa genético, el tipo de neurona correcto migrará a una región predeterminada y, una vez alcanzada esa área específica, sus dendritas y axones se extenderán para conectarse con otras neuronas. De esta manera comenzarán a formar las diferentes estructuras del cerebro, a adquirir modos específicos de transmisión de mensajes y a aprender cómo procesar y controlar las interacciones con el ambiente. Desde patear una pelota (funciones motoras) hasta manejar un avión (tareas que requieren de una memoria compleja).

Tu mente va a seguir aprendiendo y cambiando hasta el momento en que morís. Esto sucede gracias a la capacidad de aprendizaje del cerebro, que implica capacidad de cambio, también conocida como neuroplasticidad. En general, cuando esto sucede, los resultados son alteraciones pequeñas e incrementales en la estructura neuronal, que se van sumando a medida que pasan los años. **Tu mente (los pensamientos) pueden modificar la estructura y anatomía de tu cerebro (en especial las neuronas).**

No estamos biológicamente destinados a ser menos creativos con la edad. Tu juventud te hace más inocente e ignorante, lo cual te permite aceptar ideas más radicales. Si seguís encontrando nuevos desafíos, entonces vas a seguir pensando como un joven aunque tengas el pelo gris.

La actividad mental o el pensamiento pueden dar forma a las estructuras neuronales de varias maneras: redes neuronales muy concurridas reciben un flujo sanguíneo mayor, lo que les provee más glucosa y más oxígeno; cuando las neuronas se disparan juntas, se refuerza la sinapsis existente y se forman nuevas sinapsis; algunas no muy utilizadas o simplemente inactivas se marchitan a través de una especie de poda neuronal, algo así como la supervivencia del más ocupado; crecen neuronas nuevas en diferentes áreas del cerebro, por ejemplo, en el hipocampo, donde esta neurogénesis aumenta la apertura de los canales de la memoria hacia nuevos aprendizajes. Por otro lado, existen cada vez más estudios sobre el modo en que la excitación emocional positiva facilita el aprendizaje, aumentando la conexión neuronal y consolidando el cambio sináptico. Dado que de todas estas maneras tu cerebro cambia su estructura, tu experiencia personal importa mucho más allá de su impacto subjetivo y momentáneo. Suceden cambios duraderos en tejidos físicos en tu cerebro, que afectan tu bienestar, tu funcionamiento y tus relaciones.

Hoy, basada en datos científicos, existe una razón fundamental por la cual se debe ser gentil con uno mismo, cultivando experiencias plenas y aprendiendo de ellas, ya que todas estas experiencias impactarán de manera real, estructural y anatómica en tu cerebro, pudiendo influir e impactar en tu presente y futuro como persona.

Tres cerebros

La diferencia esencial entre la emoción y la razón es que la emoción te lleva a la acción y la razón a las conclusiones.

DONALD CALNE

La vida comenzó en la Tierra hace unos 3,5 mil millones de años. Las primeras criaturas pluricelulares aparecieron unos 650 millones de años atrás. A medida que los animales evolucionaron, también lo hicieron, por supuesto, sus células y tejidos neuronales, que desarrollaron su "casa matriz" en la estructura que conocemos como cerebro. **Tenemos tres cerebros conviviendo dentro de nosotros.** Si estudiamos la evolución de los animales, podremos decir de manera en extremo simplificada que antes que primates y humanos fuimos simples mamíferos y antes que eso, reptiles. Guardamos un cerebro *lagartija-ardilla-mono* en la cabeza, que da forma a nuestras reacciones. Esto se conoce como el "cerebro triuno" y es uno de los diferentes modelos que usan los científicos para describir la organización jerárquica de las estructuras cerebrales. Es como pensar en la construcción de una casa: los cimientos van primero (reptil), luego las paredes (ardilla) y al final el techo (mono), pero todas estas estructuras son parte de la misma construcción. La parte más antigua del cerebro, la *lagartija* o cerebro reptiliano, tiene unos quinientos millones de años y regula principalmente todo lo que tiene que ver con nuestros controles centrales: respiración, sueño, despertar, ritmo cardíaco, etcétera. La *ardilla* o cerebro límbico tiene unos doscientos millones de años y se responsabiliza de todo lo que tiene que ver con nuestra supervivencia animal más que con nuestro potencial humano: correr o pelear en ciertas circunstancias extremas, alimentarse, reproducirse. Aquí se encuentra una parte central de nuestras **emociones**: la amígdala –que nada tiene que ver con las de la garganta–, que nos permite sentir enojo, miedo y placer. Es responsable de la creación de las emociones y de los recuerdos que ellas generan. Además, en este cerebro están el hipocampo, que convierte la memoria a corto plazo en largo plazo, y el tálamo, que funciona como una torre de control de los sentidos. Estos dos cerebros son los más antiguos y regulan nuestro comportamiento como personas. Por encima de estos dos cerebros, como si fuera una catedral, está el cerebro más humano, el córtex, que apareció unos cien mil años atrás. Observen la diferencia en edades de estas estructuras, es como haber vivido en una casa sin techo durante millones de años. El córtex está altamente especializado en la visión, el habla, la memoria y todas las funciones ejecutivas. También está dividido en dos hemisferios, derecho e izquierdo, conectados por el cuerpo calloso. A medida que evolucionamos, el hemisferio izquierdo se enfocó en el procesamiento lingüístico y secuencial, mientras que el hemisferio derecho, en el procesamiento holístico y visual. De todos modos, las dos mitades del cerebro trabajan juntas. Muchas de las estructuras y regiones neuronales están duplicadas para que haya una en cada hemisferio. A pesar de encontrarse en la superficie, el córtex está íntimamente relacionado con su interior. Es la parte que se observa plegada hacia adentro que da la forma de valles y ranuras del cerebro. Si el córtex no se hubiese plegado, tendría el tamaño de una mantita de bebé.

Durante muchos años creímos ser "seres racionales (córtex) con sentimientos (límbico)". Hoy, los científicos acuerdan que el interruptor central del cerebro es nuestra parte emocional. **Somos seres emocionales que aprendimos a pensar**, y no máquinas pensantes que sentimos. Esto tiene lógica si pensamos que el límbico lleva más de doscientos millones de años sobre la Tierra y el córtex apenas cien mil años. La emoción tiene más dominio sobre nuestra razón. Por esto, muchísimas de las decisiones que tomamos en la vida son no conscientes; la gran mayoría de ellas está dominada por ráfagas de emociones (algunas liberadas de nuestra memoria, otras por emociones nuevas). Muchas veces nuestro consciente racional justifica decisiones que ya habíamos tomado antes de ser conscientes de ellas. En definitiva, el botón cerebral para comportarnos frente a las variadas situaciones cotidianas está más influido por nuestras emociones que por la razón.

Problemas laborales típicos

Éstas son las preguntas sobre problemas o desafíos más frecuentes en un trabajo, que pueden convertirse en oportunidades para que generes ideas y los resuelvas creativamente: ¿Qué es lo que te gustaría tener o lograr en tu trabajo? ¿En qué idea o en qué tema te gustaría trabajar? ¿Qué te gustaría que pase en tu trabajo? ¿Qué relaciones con los otros te gustaría mejorar? ¿Qué te gustaría a vos hacer mejor en tu trabajo? ¿Para hacer qué te gustaría tener más tiempo en tu trabajo? ¿Qué es lo que más te gustaría aprovechar de tu trabajo? ¿Cuáles son los objetivos insatisfechos? ¿Qué te excita y te encanta de tu trabajo? ¿Qué te enoja y te preocupa? ¿De qué te quejás? ¿Cuáles son las actitudes que no te gustan de los demás en tu trabajo o te gustaría que cambien? ¿Qué te gustaría que los demás hagan? ¿Qué cambios te gustaría introducir? ¿Qué es lo que lleva mucho tiempo resolver en tu trabajo? ¿Qué es lo que no vale la pena? ¿Qué es muy complicado? ¿Cuáles son los cuellos de botella? ¿En qué sentido vos sos ineficiente? ¿Qué es lo que te consume la cabeza y te quema? ¿Qué es lo que te desilusiona? ¿Qué es lo que te gustaría organizar mejor de tu trabajo? ¿Cómo podrías hacer más plata de tu trabajo? Típicos desafíos del trabajo donde podés involucrar tu creatividad serían los siguientes: ¿Qué sugerencias creativas podría hacer yo para producir nuevos productos? ¿Cómo podría recortar costos para incrementar la producción? ¿Cómo podríamos diferenciar nuestros productos de los de los demás, de la competencia? ¿Qué productos nuevos se necesitan? ¿Qué modificación de los productos que existen se necesita en el mercado? ¿Cómo podría vender un veinte por ciento más de lo que vendo? ¿Qué nuevas técnicas de venta podría inventarme? ¿Cómo puedo convertirme en alguien indispensable para mi empresa? ¿Cómo puedo manejar mejor las quejas de los clientes? ¿Cómo podría comunicar mejor los servicios o productos de mi empresa? ¿Cómo puedo motivar a los empleados o a mis colegas para que activamente busquen formas de diferenciarse de la competencia? ¿Qué procedimientos podríamos establecer para reducir la burocracia? ¿Qué es lo que a los empleados les gustaría que los premien? ¿Cómo podríamos orientarnos más hacia el cliente? ¿Es posible cambiar nuestra imagen? ¿Cómo podríamos derrotar a la competencia?

Luz, cámara, acción... ¡córtex!

Pensá a la mañana.
Actuá al mediodía.
Comé a la tarde.
Dormí a la noche.
William Blake

Durante nuestra evolución –como ya vimos– logramos quedarnos en el planeta porque nos volvimos más inteligentes. Esto fue gracias al córtex. Más inteligencia significó un córtex cada vez más grande o, al menos, con mayor cantidad de conexiones. Es decir, el córtex empezó a crecer durante nuestra evolución, convirtiéndonos en personas más inteligentes. Incluso las cabezas crecieron para poder llevarlo; recordemos que, si no se hubiese plegado hacia adentro, el córtex tendría hoy el tamaño de una mantita de bebé. Imagínense el tamaño de una cabeza respondiendo a esas dimensiones, hubiese necesitado caderas anchísimas de mujeres para poder atravesar el canal de parto con éxito. Sin pensar siquiera en que mujeres con esas caderas jamás hubieran podido correr para escapar de los peligros de aquella época africana. Por lo tanto, la sabia selección natural encontró un compromiso anatómico para resolver este problema. La solución de ese compromiso evolutivo: cabezas más chicas para que pasen a través del canal con cerebros más grandes pero plegados hacia adentro. Tal como es el cerebro que tenemos y conocemos hoy.

En ese momento evolutivo también se inventó la niñez. Los bebés humanos debemos terminar el programa de desarrollo fuera del vientre materno. Recién nacidos somos criaturas vulnerables para los predadores y no podemos reproducirnos por más de una década.

Nacemos con la cabeza pequeña para que pueda pasar por la pelvis de mamá, pero mucho antes de que podamos enfrentar el mundo solos y de manera independiente. Nuestros tataratataratatarabuelos requerían de sus mamás al menos por un tiempo y las madres necesitaban de los padres para proveer comida. Todos requieren de cooperación y trabajo en grupo para operar en estructuras sociales complicadas que los apoyen. Estas estructuras sociales contribuyeron a que el cerebro siguiera creciendo en complejidad y tamaño, desarrollando la empatía, la decepción, el altruismo y construyendo coaliciones. Nuestro nuevo cerebro nos separa de todo el resto de los animales de la Tierra y nos da unas capacidades extraordinarias, como el pensamiento lineal, el desarrollo del lenguaje complejo, la habilidad de comprender símbolos y metáforas, desarrollar y comprender estrategias matemáticas, de comunicar con gracia y propósito. Se desarrollan las tradiciones, los conceptos, las ideas, los patrones, el folklore y las costumbres empiezan a pasarse por generaciones. Eventualmente, pequeños grupos empiezan a migrar, explorar y readaptarse.

Durante esta época de extrema vulnerabilidad, además, los bebés están listos para aprender lo que sea pero sin poder hacer mucho. No sólo se crea el concepto de *aprendizaje* sino también el de *maestro*. Es de nuestro interés como especie enseñar lo mejor posible, ya que nuestra supervivencia depende de qué tan bien vayamos a educar y proteger a nuestros pequeños. Pero de nada sirve criar chicos si nosotros, los adultos, somos devorados rápidamente por nuestros vecinos los leopardos. En este momento evolutivo se desarrolla la última parte del córtex, el córtex prefrontal (ubicado debajo de la frente). Esta región nos permitió movimientos finos de las manos para crear lanzas puntiagudas más eficientes y sociabilizar con los miembros del clan para entender que no hace falta doblar la masa muscular para vencer a un mamut o un leopardo sino que podemos obtener el mismo resultado al trabajar en grupo. Vamos a iniciar nuestro dominio del mundo, estableciendo acuerdos de cooperación entre nosotros. Nace el concepto de trabajo en equipo. Las reglas del juego van a cambiar.

Aprendemos a cooperar, lo que significa compartir objetivos comunes que tengan en cuenta nuestros intereses y los de nuestros aliados. Para esto debemos entender qué motiva a los otros, incluyendo sus sistemas de recompensa y castigo.

Gracias al córtex prefrontal, mejoramos como cazadores y hoy seguimos aquí. Esta zona nueva del cerebro hoy produce sumo interés porque es la que más usamos en nuestro trabajo diario. Se trata del lugar central del cerebro que nos permite "pensar" las cosas, donde se conectan todas las interacciones conscientes que tenemos con el mundo. Lo usamos cada vez que generamos pensamientos, algunos lo llaman la memoria de trabajo (*working memory*). Esta región es una de las que más consume energía, ya que se ocupa de comprender, decidir, memorizar, recordar e inhibir ciertos pensamientos para poder trabajar o realizar algo que requiere de nuestra atención y conciencia en un ciento por ciento. Imaginen al cerebro conteniendo un tanque de la nafta necesaria para cumplir todas sus funciones (en realidad, es principalmente glucosa y oxígeno). El córtex prefrontal utiliza gran parte de esta acotada nafta; por más que uno se esfuerce, la calidad de un pensamiento dura una cantidad de tiempo limitado. No es una cuestión de que intentemos más fuerte; es un límite biológico. Algunos científicos afirman que, al tratarse de una parte muy nueva de nuestro cerebro, el córtex prefrontal no tuvo aún la evolución y el desarrollo necesarios para ser energéticamente eficiente. Debemos entender que, si realizamos actividades en las que deba intervenir el córtex prefrontal luego de algunas horas de trabajo, vamos a sentirnos exhaustos y no vamos a poder pensar con la misma claridad y eficiencia.

Teoría de la mente

La **Teoría de la mente** es una expresión usada para designar la capacidad que tenemos de atribuir pensamientos e intenciones a otras personas, algo así como la aptitud que tenemos de "leer" la mente de otro y predecir qué le pasa o qué quiere. Esto requiere de una tremenda actividad cerebral. Muchos científicos sostienen que hay una relación directa entre la incorporación de esta habilidad y nuestro dominio intelectual del planeta. Cuando predecimos el estado de otra persona, estamos detectando señales que no son nada obvias. Lo hacemos de manera automática, muchas veces sin saber cuándo lo estamos realizando. De esta teoría surge que nuestra habilidad para aprender está íntimamente ligada a la forma que tenemos para relacionarnos. **La eficiencia para aprender algo está relacionada con el ambiente emocional en el cual se está aprendiendo.** Muchos estudios demuestran la importancia de la relación que se establece entre el estudiante y el maestro para el correcto aprendizaje. Podríamos extender este concepto a las siguientes relaciones: jefe-empleado, padre-hijo, etcétera.

En definitiva, la razón y la lógica (córtex) nos hacen humanos y nos diferencian del resto de los animales. Sin embargo, aún somos más emocionales que racionales. Entonces, ¿razón o emoción? Ni una ni otra... Somos el resultado de una bella interacción entre ambas.

El pasado... ¿pisado?

En su libro *The Buying Brain*, el doctor A. K. Pradeep cuenta cuatro minihistorias muy logradas para explicar la diferencia, o más bien la similitud, de la vida cerebral de nuestros primeros ancestros hace cien mil años en África y nuestra vida hoy. Aquí van.

Viajemos en el tiempo y observemos tu vida hace cien mil años...

Te despertás en la sabana africana un día muy seco, con el sol en la cara. Tenés hambre y frío. Tu cerebro orientado por objetivos –tu nuevito córtex prefrontal comanda al cuerpo a buscar y encontrar lo que más se necesita– te empuja a salir, a conseguir comida. Agarrás tu lanza, también nuevita, y te alejás de tu refugio. Tus niveles de ansiedad aumentan, tus sentidos están alertas, tus oídos monitorean todo tipo de ruido que escuchás a trescientos sesenta grados. Tus ojos escanean el horizonte, tu nariz olfatea el olor a otros animales, agua, plantas. Tu boca está muy seca, y todos tus músculos están tensos y preparados. Tu respiración es rápida y tu ritmo cardíaco, elevado. Dos horas más tarde, tus ojos, oídos y nariz te alertan. Algo se está moviendo detrás de los pastos altos. De pronto una cola aparece y de inmediato la mirada de un **leopardo** se cruza con tus ojos. En una velocidad alucinante tu cerebro calcula el próximo paso. El leopardo es más rápido que vos. ¿Deberías escapar? Pero tu lanza es mortal y tenés mucha hambre. ¿Deberías luchar? En milisegundos la decisión está tomada. El leopardo también tiene hambre, y ves su determinación mientras se te acerca agazapado y te muestra sus dientes. Sus bigotes se mueven mientras entra en estado de máxima alerta. Toma la decisión y se te abalanza. Ustedes son dos predadores mortales con mucho hambre. Sólo uno sobrevivirá. Tu corazón bombea fuerte, tu cuerpo transpira y tus músculos tiemblan mientras avanzás en esta vida con escenarios de vida o muerte. La pelea fue corta pero sangrienta. Estás herido pero volverás a tu refugio con tu lanza. El leopardo está colapsando y tu cuerpo segrega endorfinas; la hormona de "me siento bien", que te produce una sensación de euforia. Cargás el leopardo en tu espalda y caminás algunos kilómetros hasta tu hogar, ahuyentando cuervos y hienas que te quieren robar la comida. Te recibe la gente de tu tribu con alegría, preparan un festín y limpian tus heridas. Aquí el circuito cerebral de recompensa se enciende, y la sensación de orgullo y deber cumplido se establece profundo en tu psiquis. Esto te impulsará a que salgas a cazar algún otro día.

> Cuando en el cerebro se enciende el sistema de comportamiento-recompensa, se libera una fuerte dosis de dopamina que nos motiva a volver a intentarlo y a repetirlo. Durante algún tiempo este sistema de comportamiento repetitivo enciende el circuito de recompensa y otros sistemas neurológicos que nos motivan a mejorar la performance y hacerlo cada vez más fácil y con frecuencia.

Física y emocionalmente exhausto, te entregás a un sueño reparador. Un nuevo día amanece.

Mismo cerebro hoy, siglo XXI...

Esta mañana te despertás con el sonido de tu alarma digital. Estás calentito y cómodo. En lugar de focalizar en la búsqueda de comida para asegurar tu supervivencia, examinás tu heladera para ver qué opción de "pocas calorías" te conviene. Muy rara vez, o nunca, la búsqueda de un sustento es tu motivador principal para comenzar tus actividades. Pero tu cerebro primitivo todavía siente una compulsión por cazar, por lograr, entonces eleva la misión del día a un escenario de vida o muerte. Chequeás tu e-mail y te das cuenta de que un proveedor te acaba de mandar una carta documento. Exactamente como te sucedió en la hambrienta sabana africana, tu ansiedad aumenta, te pone tenso y superalerta. El cerebro te urge la búsqueda de alivio. Agarrás el celu y la laptop y comenzás tu viaje en auto al trabajo. Sentado, en el tránsito, tu cerebro se siente amenazado. Las bocinas suenan todas al mismo tiempo y tu amígdala –parte del cerebro que responde al estrés– se prende fuego. Tu presión sanguínea aumenta y tu corazón va más rápido. Todo tipo de mensajes publicitarios en la autopista te seducen y te invaden sin cesar. Prendés la radio. Cayó la Bolsa. Tu sentido de seguridad se ve amenazado otra vez. Tu irritación crece cuando un auto trata de pasarte por donde no debería. Te enojás y no lo dejás pasar, haciendo una maniobra automovilística digna de un maestro del volante. Llegás al trabajo y estacionás. En el estacionamiento, un grupo de jóvenes transpirados y temblorosos tratan de robarte la computadora, el celular y la plata. Tu instinto de supervivencia entra en juego. Gritás y tratás de moverte entre los jóvenes. Confrontados por vos, ellos ahora están tan enojados como desesperados. No sólo quieren tu compu sino también tu vida. Tu corazón se sale por la fuerza de los latidos, y tus músculos tiemblan. Justo llegan dos guardias de seguridad, y los hombres se escapan. Colapsás en alivio. Horas, días y semanas más tarde, tu cerebro va a revivir toda la escena. Vas a soñar con ella todas las noches. Tu umbral de miedo ahora es más bajo, y tu seguridad se ve amenazada constantemente. Pero no corrés ni te escapás –como cien mil años antes– sino que entrás en tu oficina y te sentás en tu escritorio. Interactuás con tus colegas todo el día, tratando de influenciarlos y obtener más poder.

Tu nivel de cortisol (la hormona del estrés) aumenta, y mejora tu estado de alerta y performance.

Estás "en tu juego", alineándote con aquellos que apoyan tus objetivos y escaneando a los que podrían destruirte. Tus ojos, ciento por ciento del tiempo, ocupándose de esto. Cuando volvés a tu casa, la noche ya llegó y un montón de luces parpadeantes te acompañan en el camino. Tu cerebro lucha para tratar de entender todos esos mensajes que te disparan esas luces. La gran mayoría es irrelevante. Aquellos mensajes nuevos o relevantes repercuten en tu hipocampo, y quedarán guardados de manera más permanente en tu córtex. Llegás a casa, encendés alguno de tus tres plasmas (o los tres) y pasás algunas horas recibiendo, enviando o monitoreando más mensajes (de texto, de e-mail, de Internet, de publicidad, etcétera). Caés dormido en un sueño para nada restaurador, el cual es importantísimo para consolidar la información en tu memoria que podría ayudarte mañana a adaptarte mejor.

Viajemos ahora otra vez cien mil años en el tiempo, pero comparemos un día en la mujer de aquella época con un día actual…

Te despertás transpirada con un bebé hambriento en tus brazos. Lo limpiás y le das de comer y luego buscás algo de comida para vos. Estás peligrosamente flaca y con muchísima sed. El bebé necesita succionar de vos todo tu reservorio de grasa. Con el bebé encima, te aventurás unos metros alrededor de tu área de refugio. Las otras mujeres, adolescentes y chicos de tu tribu van con vos. Se acercan a un lugar donde hace unos días habían encontrado unos gustosos frutos y raíces. Cuando los niños se duermen, algunas mujeres los cuidan y otras siguen recolectando frutos, semillas, raíces y, a veces, pequeños roedores y víboras. Todas las mujeres se mantienen cerca, siempre alerta a la aparición de depredadores, preparadas para pararse entre las fieras y los niños. Sin embargo, nunca atacarían a depredadores peligrosos y grandes. Su córtex prefrontal sabe que un ataque a "todo o nada" podría dejar a sus hijos vulnerables, sin protección o incluso muertos. Sin saberlo, este cuidado les permite cumplir con su objetivo en la evolución de la especie: procrear con éxito.

La banda de mujeres y chicos se pasa el día juntando comida y apoyándose mutuamente. No obstante, si alguna miente o engaña, quizá sea una ventaja evolutiva para ella y su progenie. Las mujeres se ocupan de los enfermos y aprenden con rapidez a interpretar a los demás y, sobre todo, a sus hijos, que sólo pueden comunicarse con expresiones faciales y el contacto de ojos. Sin lenguaje hablado, las mujeres pueden distinguir si lloran por hambre, irritación, aburrimiento, angustia, etcétera. Mientras cuidan a sus hijos todo el día, la oxitocina fluye por su sistema dejándolas tranquilas, hasta un poco sedadas, pero muy comprometidas con sus tareas.

El cableado del cerebro femenino evoluciona entonces con habilidades empáticas, comprendiendo muchas veces con sólo mirar al otro sus sentimientos o necesidades.

Cuando cae la noche, vuelven los hombres. Alguno habrá cazado una gran presa que alimentará con proteínas y calorías a toda la tribu. Las mujeres celebran y recompensan al cazador exitoso (billetera mata galán), mientras que reaccionan tímidas y cautelosas con los frustrados para no irritarlos más de la cuenta. Las mujeres entonces elegirán al mejor macho según sus cualidades de exitoso cazador y procrearán con él. Mientras cenan y escuchan las historias de los cazadores (en idioma "gruñón"), las mujeres se acuestan al lado de sus hombres y con sus bebés en brazos.

Mismo cerebro, cien mil años más tarde…

Apagás tu alarma, te duchás y vestís rápido. Afuera todavía está oscuro, lo que te permitirá completar todas tus actividades del día. Preparás la mochila y el almuerzo para los chicos. Mirás el calendario y qué actividades tienen hoy. Firmás un permiso para una excursión y le escribís una nota a quien cuida a los chicos por la tarde para que recuerde que tu hija tiene dentista y tu hijo, partido de fútbol. Chequeás la heladera y anotás lo que falta y lo que podrían comer tus hijos cuando vuelvan a la tarde del colegio. Pagás las cuentas *online* antes de despertar a los chicos, vestirlos, desayunar y llevarlos, apurada, a la escuela. Tu cerebro evolucionó *multitask*, como el de tus ancestros que cuidaban a los chicos, buscaban comidas y atendían a los enfermos. Sos una genia de la eficiencia.

El cableado del cerebro femenino evoluciona entonces como lo que se conoce por multitasking, *con una conexión entre los hemisferios derecho e izquierdo más importante que en los típicos cerebros de los hombres. Esto les permite hacer malabares entre las emociones, la lógica y las muy diferentes tareas diarias, con más facilidad. En su día, las mujeres tienen muchas "misiones críticas".*

Cada uno de los chicos necesita que los despierten y redespierten más de una vez. Los dientes, peinarse, lavarse... Tu hija llora porque no le gusta el vestidito que le elegiste cuando ya están en el auto por salir a la escuela. Pero tu habilidad empática resuelve el problema con rapidez. Agarrás la laptop y el teléfono celular y encarás para la escuela. De pronto te acordás de que hoy te toca a vos buscar a otros chicos y das la vuelta. Frustrada, llegás tarde a cada casa y a la escuela y tenés que bancarte el enojo de los otros padres. Tomás la avenida, y es un caos. Conductores agresivos frenan de golpe, tocan la bocina y se te adelantan por donde no deberían. Tu cerebro siente esto como una situación de "vida o muerte". Tu corazón late más fuerte, tu ansiedad aumenta, fluye cortisol por tu sistema. Pero tu cerebro está preparado para lidiar con peligros inminentes y ataques probables. Llegás a la oficina corriendo. Casi sin aliento entrás tarde a una reunión. Mientras presentás tu trabajo a tus colegas, parte de tu cerebro continúa pensando en los chicos. ¿Les puse frutas? ¿Esos mocos serán una gripe o una alergia? Te hundís en tu trabajo, llenando propuestas y pedidos. Tu cerebro *multitasking* accede ambos hemisferios sin mucho esfuerzo. No almorzás porque estás un poco atrasada. A las 14:30 llama la señora que cuida a tus hijos. Está enferma. Tu cerebro ahora lanza señales de alarma ¡por todos lados! Los hijos deben ser protegidos, es la prioridad. Agarrás tus cosas y salís disparada sabiendo que lo que diga tu jefe o tus colegas puede ser peligroso para tu carrera, te lo advierte tu cerebro. Volvés manejando rápido y chequeando la hora todo el tiempo. Vas a llegar tarde y tu respiración se agita y se hace más corta. Cada semáforo rojo te desespera. ¡Vamos!, ¡vamos!, ¡dale!, ¡dale! Llegás quince minutos tarde, y tus hijos están enojados y caprichosos. Dejás a la nena en el dentista y al varón en fútbol, después volvés al dentista. No pudiste ver el entrenamiento de tu hijo ni un solo minuto. No pudiste sentarte al lado de tu hija en el dentista. Sin embargo, tu cerebro disfruta del confort de tenerlos cerca. Volvés a casa, son las siete de la tarde y la heladera está vacía. Estás levantada hace más de doce horas y todavía no pudiste pasar quince minutos de calidad con tus hijos. Los ayudás en sus tareas de la escuela, llamás a un delivery de pizza y abrís la computadora para terminar lo que no pudiste hacer más temprano. Luego de una cena de veinte minutos cada uno se va a su cuarto. Como mujer con cerebro que necesita conectar, te sentís un poco incómoda porque no pudiste hablar con los chicos ni con tu marido ni con tus amigos en todo el día. A las diez de la noche los acostás, luego de chequear la tarea, y llega tu marido mientras estás sacando la ropa del lavarropa. Hablan un ratito muy corto y exhausta te tirás en la cama a eso de la medianoche. Soñás con amenazas y ataques simbólicos mientras tu cerebro trata de entender lo que pasó en el día.

Comparando con sus ancestros, los cerebros de las mujeres de hoy tienen muchas más responsabilidades. Su habilidad para mantener a los suyos cerca se ve amenazada constantemente por el estilo de vida de la ciudad moderna.

Estas historias nos muestran con claridad cómo las emociones y el instinto son los verdaderos conductores de nuestro comportamiento, ya sea miles de años atrás u hoy, siglo XXI.

Empecemos a bucear, a continuación, en el mundo de la creatividad.

CAPÍTULO 3

El proceso creativo

Lo tradicional no les sucede a todos

Confía en la incertidumbre, te conducirá a la claridad.
JOANNA SWANGER

El proceso creativo se describe en cinco grandes etapas. La primera es un **período de preparación.** Uno se sumerge, conscientemente o no, en una serie de problemáticas o en algún desafío, objetivo, que le interesa o le despierta curiosidad. ¿Qué quiero resolver? ¿Qué me interesa? Lo que llamamos nuestro desafío creativo. De manera ocasional puede suceder que uno logre tener un descubrimiento creativo sin mucha preparación. La segunda etapa de este proceso es un **período de incubación.** Las ideas se agitan por debajo del nivel de la conciencia. En este momento aparecen conexiones **inusuales**, y las ideas se empiezan a asociar unas con las otras, sin que nosotros las llevemos conscientemente por un camino derechito y angosto. *Algo está por suceder*. Es la famosa frase: "Voy a consultarlo con la almohada". Durante este período hay ciertos intervalos de proceso consciente. Pero, al ser misterioso porque no es consciente, muchas veces se piensa en la incubación como la etapa más creativa.

Ya que el proceso consciente puede ser analizado por las reglas de la lógica, de la razón, lo que sucede en los espacios vacíos, oscuros, desafía el análisis y evoca algo misterioso que rodea la creatividad. Algunos llegan a hablar de algo místico, la musa inspiradora. La incubación puede durar años y, a veces, horas o minutos. La tercera etapa es la de la **revelación** o *insight*. El momento *eureka* de Arquímedes. Como cuando la última pieza del rompecabezas se junta con las demás. Las revelaciones pueden ocurrir en cualquier momento, pero cuando suceden son recordadas con mucha intensidad y emoción. En general, devienen en nuestro consciente luego de mucho tiempo de trabajo. Es como estar sosteniendo un corcho debajo del agua y, al soltarlo, ver que aparece en la superficie. Según la experiencia, uno llega a revelaciones importantes o creativas cuando está preparado, con la mente dispuesta, como aquellas personas que han pensado y trabajado arduo en algún problema o en algún desafío o en alguna disciplina. Pero hay también situaciones donde se llega a ideas creativas, donde nadie se ha preguntado nada, donde no se conoce el problema. Esto es cuando una persona identifica que existe un problema y también una solución. Se ha descubierto un problema. Más adelante veremos qué le sucede al cerebro justo antes y durante un *insight*. La cuarta etapa es la de **evaluación**. Debemos decidir si esa revelación contiene algún valor y si vale la pena llevarla a cabo. Es un momento muy emocional, uno tiene que procesar esa idea y tratar de decidir si hacerla realidad o no. Muchas veces uno se siente inseguro o con mucha incertidumbre, ya que se trata de algo no conocido. Aquí también es cuando aparecen las críticas propias o ajenas. La gente que trabaja con nosotros, sus criterios y sus prejuicios... Es como cuando uno pinta un cuadro y se aleja para ver lo que está pintando, cuando uno relee algo que escribió, cuando los científicos revisan cálculos o ecuaciones para ver si lo que piensan está bien. La gran mayoría de las relaciones no va muy lejos, pero cuando éstas son adecuadas, cuando realmente tienen sentido, empieza el trabajo de la **elaboración**, que es la última etapa del proceso y la más larga. Lleva más tiempo y más trabajo. Edison decía: "99% de transpiración y 1% de inspiración". Hay que ponerse a trabajar, implementar e incluso, muchas veces, salir de la zona de confort, esforzarse, cambiar, animarse, convencer a los demás. Es decir, si tenemos una revelación que consideramos muy útil para nuestro desafío, rara vez el proceso termine allí. La realidad nos muestra que esa idea nueva debe ser refinada. Los **bosquejos del hemisferio derecho deben ser transformados en una obra de arte terminada.** Pocas veces esta labor es divertida, pero es esencial.

Estas etapas del proceso creativo no hay que tomarlas de manera literal. Muchas personas contribuyen de manera creativa en sus disciplinas o sus vidas, sin pasar necesariamente etapa por etapa. El proceso creativo tiene interrupciones constantes, donde se va incubando en distintas circunstancias, revelando cosas en diferentes etapas. No es un proceso lineal todo el tiempo sino que va teniendo distintos círculos o nudos que requieren de muchas revelaciones por momentos, y depende también de cuán profundo y necesario sea lo que queremos comprender o resolver o de cuál es nuestro desafío.

Las cinco etapas del proceso creativo son una manera muy simplificada, y en ocasiones esto puede confundirnos. Pero, a la vez, es una forma bastante válida y simple de organizar este procedimiento muy complejo. Creo que lo más importante es recordar que estas etapas no son exclusivas y, en general, se superponen y ocurren muchas veces durante el proceso hasta que éste se termine. Sintetizar, no dar tantas vueltas.

Técnica: Preguntas divertidas

Si tu problema fuese un ser vivo, ¿cómo sería? Dibujá un ser vivo que sea tu problema. Pensá cómo sería el pasado y las reencarnaciones futuras de tu problema. Pensá en que tu problema se podría comer, ¿cómo sería el gusto?
¿Hay algo muy hermoso en ese problema?
¿Hay algo muy interesante en el problema mismo?
¿Podrías imaginarte la vida personal del problema?

¿Cómo es políticamente?
¿Cómo es su religión?
¿Cómo sería su vida amorosa?
¿Cuándo nació ese problema? ¿Tiene hermanos? ¿Tiene amigos? ¿Tiene miedos?
Si vos fueses el psicólogo o el terapeuta del problema, ¿qué cosas te confesaría a vos?

¿Cómo se nos ocurren las ideas?

La creatividad se alimenta de ideas, y éstas provienen de alguna parte. Las ideas se crean en el cerebro, nuestra mente. Uno de los trabajos más interesantes para explicar la aparición de las ideas es "Neurociencia cognitiva y el estudio de la memoria", de Eric Kandel, ganador del Premio Nobel en Fisiología y Medicina en el año 2000, por esta contribución. El doctor Kandel y sus colaboradores proponen un nuevo modelo del cerebro, el de la "memoria inteligente". Desde la aparición de este último, la mayoría de los neurocientíficos ha dejado de aceptar la teoría del doctor Roger Sperry sobre los dos hemisferios, derecho e izquierdo, del cerebro. En la teoría de Kandel, el análisis y la intuición trabajan de manera simultánea en todos los modelos de pensamiento. No hay tal cerebro izquierdo ni cerebro derecho. Sólo existe el aprendizaje y el recuerdo, los cuales trabajan en diferentes combinaciones en todo lo largo del cerebro.

Para no abrumarlos con complejidades científicas, la teoría dice más o menos lo siguiente: desde el momento en que nacemos, todo, absolutamente todo lo que nos sucede en la vida queda registrado en algún lugar del cerebro, llamémoslo **memoria inteligente**. No sólo nuestras experiencias, sino todo lo que aprendemos: lo que leemos, lo que vemos, lo que nos cuentan. Una forma visual que me gusta usar para entender esta teoría es imaginarse que el cerebro está lleno de cajones y que cada cosa o evento que nos sucedió, que aprendimos, quedó guardado en algún cajón, en nuestra "memoria inteligente": el cerebro como una cajonera.

¿Sabías que una de las actividades que más energía consume en el cerebro es la de pensar cosas que nunca antes hemos visto? Es también por esto que resulta tan difícil pensar cosas nuevas.

Los cajones comienzan a abrirse y cerrarse, y los recuerdos en ellos se conectan de manera azarosa. Y cuanto más relajados estemos, más se abren y se cierran y se interconectan. Cuando esto ocurre en algún momento particular del día o de la noche, tenemos "más" ideas que en el resto de la jornada. Esto depende mucho de cada persona: en la ducha, yendo a correr, haciendo deporte, en el auto manejando, en el subte o en el colectivo, jugando o hamacando a tu hija en la plaza. Son momentos de **claridad mental.**

Cuando el cerebro está más relajado, aparecen más ideas. Éstas pueden ser rutinarias, conocidas o no importantes y, a veces, pueden ser ideas que podemos llamar creativas. Cuantas más se nos ocurran, más chances tenemos de que alguna sea creativa. En resumen, las ideas son la combinación azarosa de conceptos, vivencias, ejemplos, pensamientos, historias que ya estaban almacenadas en nuestra memoria inteligente, en nuestros cajones. No decimos nada "nuevo", la novedad es la forma en que combinamos lo ya conocido. De repente, estas combinaciones que chocan entre sí aparecen en nuestro consciente. "Vemos" la idea. Hemos tenido un *insight* o una revelación. Cuanta mayor es nuestra claridad mental, más posibilidades de *insights.* Cuanto menos ruido haya en nuestro consciente, cuanto más tranquilos estemos, disfrutando, haciendo algo que realmente nos gusta, más *insights* tenemos.

Beethoven experimentaba con setenta versiones diferentes de una frase musical antes de quedarse con la definitiva. "Hago muchos cambios, rechazo y pruebo de nuevo, hasta que estoy satisfecho", le decía a un amigo. Es completamente normal el constante refinamiento de tus ideas hasta encontrar la que suene mejor para vos.

Esto lo entienden muy bien algunas empresas muy innovadoras. Les dan a sus empleados tiempo libre en espacios flexibles, amplios, luminosos, agradables con tiempo para imaginar el futuro. Allí, más relajados, sin la necesidad imperativa de estar apagando el incendio de la rutina, saben que tendrán más ideas. Por una cuestión de estadística matemática –como ya hemos discutido–, cuantas más ideas tenemos, más chances o más posibilidades de que alguna sea creativa. Si la organización es generosa con los empleados, éstos son generosos con la organización.

En la Selección Nacional de Fútbol, Lionel Messi es la misma persona con el mismo cerebro que en el Barcelona. Lo que sucede es que en el Barça produce mucho más: hace diez, quince jugadas por partido, y dos o tres terminan en gol. Sin embargo, en la Selección hace dos o tres por partido; entonces, hay menos chances de que sean gol, de que sean creativas. La producción de sus jugadas y el despliegue de su talento y creatividad dependen mucho del ambiente, del clima laboral, de quiénes son sus compañeros, de quién es su jefe, de cómo se siente. La creatividad no es algo mágico que se enciende en cualquier parte sino que está íntimamente relacionada con el clima. **Tiene que haber un ambiente estimulante para ser creativo.**

Técnica del dibujo abstracto

Hacé varios dibujos abstractos usando cualquier tipo de forma, las que quieras. Hacelo bien rápido, usando tu intuición.

Seleccioná una sola de las formas que dibujaste. La que más te guste, la que te llame más la atención, dejá que tu intuición elija.

Encontrá en esa forma los atributos y características más esenciales. Por ejemplo, suave, algo liviano, algo grueso, algo raro, circular, puntiaguda, etcétera.

Usá esos atributos y características para inspirarte a dibujar otra forma distinta.

Estudia qué es lo que puede representar esta última figura (una nube, un gato, un yogur, un soldado, un banderín, etcétera).

Mezclá estos conceptos que descubriste en tu figura con tu desafío creativo.

Lo seguro es que todos tenemos revelaciones en el día o la noche. Estudios muy modernos muestran que muchas de las ideas que provienen de la combinación de conceptos, en ese abrir y cerrar de cajones mentales, se nos olvidan apenas aparecen o poco tiempo después. Debemos capturarlas de inmediato en el papel o en dispositivos de *touchscreen*. Nunca deben subestimar el poder de una idea que aparece "de la nada" en el momento más inoportuno del día, escríbanla. Relean las notas. Tachen aquellas que ya no sirven para que no contaminen su campo visual.

Les propongo pensar cuáles fueron para ustedes sus últimas diez buenas ideas. ¿Dónde estaban cuando se les ocurrieron? Anoten. Anoten. Anoten todo.

Primero producir

Las ideas son como los conejos. Si tenés un par, muy pronto tendrás una docena.
JOHN STEINBECK

Si querés tener buenas ideas, debés tener muchas ideas. En su mayoría serán malas, tenés que aprender cuáles debés descartar.
LINUS PAULING

Mencionamos el pensamiento productivo, aliado de la creatividad, como poder pensar cosas realmente nuevas, en contraposición del pensamiento reproductivo, que tiende a repetir lo que ya conocemos. Pero también podemos referirnos a la producción en cantidad. Generar muchas ideas, muchas jugadas de Messi para que una termine en gol. Cuando Edison mejoró la lamparita y creó la batería, un asistente le preguntó cómo hacía para persistir tratando de lograr estos inventos cuando ya había fracasado miles de veces. Edison le decía que no entendía la pregunta, para él nunca había fracasado. Había descubierto formas de que no funcionara. Picasso pintó entre sus cuadros, trabajos y dibujos unas cincuenta mil obras. Claramente, de esta producción gigante, no son todas conocidas. Sin embargo, él sabía que para poder crear algo diferente y que gustara tenía que primero producir mucho. Hay que producir y generar muchas ideas antes de limitarse a pensar en una que esté buena o que sea diferente. Para esto hay que pensar de manera fluida, sin criticarse, sin juzgarse, sin evaluarse. Al principio hay que soltarse, desinhibirse y dedicarse a generar. Nada es más contraproducente para la creatividad que la crítica o el juzgamiento. Para nosotros, esto es difícil de evitar. Somos educados y condicionados de forma crítica y juzgamos permanentemente. Estamos juzgando nuevos pensamientos y nuevas ideas, lo hacemos de manera inmediata e instintiva; es como manejar un auto con un pie en el acelerador y el otro en el freno. En consecuencia, cuando estamos generando muchas ideas (lluvia de ideas o *brainstorming*) pasamos parte de nuestro tiempo, a veces demasiado, imaginando todas las razones de por qué esa idea no va a funcionar o no va a poder ser implementada. Pero a lo que en realidad debemos dedicarnos es a generar todas las ideas posibles. Una vez que la idea es juzgada por alguien o autojuzgada, el pensamiento creativo se paraliza. Si esto sucede, las pocas nuevas ideas que van a ser generadas a partir de ese momento van a volver, eventualmente, a los

pensamientos de los patrones conocidos, seguros, y conservadores que tenemos en el cerebro. Pensar sin juzgar es algo dinámico y fluido, allí las ideas van a empezar a rebotar unas con otras y vamos a poder asociar nuevas ideas, nuevas combinaciones de ellas, y a disparar un sinfín de posibilidades.

> *Hay una manera de hacerlo mejor, encontrala.*
> THOMAS EDISON

TÉCNICA SCAMPER

Scamper es una lluvia de ideas para principiantes o para gente que no sabe debatir bien en forma ordenada. Se realiza con una serie de preguntas oportunas y dirigidas. Las preguntas se relacionan con Sustituir, Combinar, Adaptar, Modificar, Ponerle otros usos, Eliminar y Reordenar o, a veces, revertir.

Por ejemplo, si mi desafío es "mejorar el rendimiento de mi equipo de trabajo":

Empiezo a usar la letra "S" de sustituir, puedo sustituir cosas, lugares y procedimientos. ¿Qué hago? ¿Cambio la gente? ¿Echo a algunos? ¿Contrato otros? ¿Cambio de trabajo? ¿Cambio la manera de ejecutar los proyectos? ¿Cambio de líder? ¿Cambio las oficinas o el lugar donde nos reunimos?

La "C" de Scamper, combinar. Combino temas, conceptos

e ideas. ¿Combino las posiciones de los empleados? ¿A aquellos que venden mejor los mando a un escritorio y a los que venden peor los mando a vender para ver qué pasa? ¿Combino el trabajo de ellos con alguna cosa recreacional?
La "A" de Scamper, adaptar. Adapto ideas de otros contextos. Y así, sucesivamente.
Al final has generado respuestas para todas estas hipotéticas preguntas y muchas de ellas van a ser ideas o adaptaciones de ideas que vas a evaluar y que te van a servir en tu desafío creativo.

Otro obstáculo a tu creatividad: cuando tenés una buena idea, esto puede frenarte a descubrir otra mejor. Por eso hay que generar sin pensar si está bien o no, si será implementable, si resolverá el problema. Hay que permitirse un tiempo en generar sin censurarse. Para esto siempre recomiendo imponerse un desafío de tiempo y de cantidad de ideas. De esta manera se focaliza la energía. Cien ideas en una hora es la estrategia de tiempo/cantidad más utilizada en empresas innovadoras.

Piensen, y escriban, cien funciones diferentes que puede tener un ladrillo. Verán que las primeras diez o veinte van a ser las típicas, las comunes, las conocidas: construir una pared, para pararse arriba, para fabricar una parrilla, para un sostener libros en una biblioteca, etcétera. Después, las segundas treinta, cuarenta, cincuenta ideas van a empezar a ser un poquito más originales. A medida que uno está por alcanzar ese límite de cien ideas, la mente hará un esfuerzo extra y así se van a generar **alternativas** mucho más creativas o imaginativas. Para poder hacer esto de manera eficiente, uno tiene que frenar al crítico interno y empezar a escribir todas las ideas, incluso las obvias y las que pensamos que son malas. Entonces, es probable que el primer tercio de ideas incluya las viejas, las mismas; en el segundo, van a ser más interesantes; y en el último, seguramente van a mostrar otras revelaciones, curiosidades y complejidades. De esta manera, si no nos hubiésemos impuesto una cantidad enorme de ideas, esas últimas treinta no habrían aparecido nunca.

LOS SIETE MANDAMIENTOS QUE DEBERÁS RESPETAR CUANDO ESTÉS GENERANDO IDEAS

No te juzgarás: dejá fluir tus ideas, sé flexible.

No harás comentarios: cualquier comentario negativo o crítica cambiará tu humor, y eso afectará tu potencial creativo.

No editarás: no dejes que tu editor interno interfiera en el proceso. Editar es trabajo del hemisferio izquierdo del cerebro, que no está invitado a la generación de ideas.

No ejecutarás: se te ocurre una idea y, al segundo, otra parte de tu cerebro ya está distraída pensando cómo la implementarás.

No te preocuparás: el miedo, como veremos, es un gran bloqueador de la creatividad.

No mirarás hacia atrás: evitá decirte que "esa idea ya la probé hace dos años y no funcionó".

No perderás foco: es fácil empezar a perder energía y foco en lo que estás haciendo. No lo hagas.

El pensamiento creativo depende mucho de este continuo pensar de ideas, de manera que sea lo suficientemente largo como para eliminar al principio las primeras ideas bien comunes, las habituales, las conocidas y para poder producir las más inusuales o imaginativas, una vez descartadas las primeras, con el correr del tiempo.

Una de las formas más eficientes de generar una gran cantidad de ideas durante la semana es ir catalogándolas y escribiéndolas en alguna libreta o teléfono celular a medida que van surgiendo. Como vimos, aparecen y se van de manera repentina. Más allá de poder dedicarse una hora a generar ideas, el cerebro funciona las veinticuatro horas y aquéllas aparecen en cualquier instante del día, aún más en los momentos de claridad mental. Uno puede construirse su biblioteca de ideas; además, cuando uno las escribe y cataloga, se acelera el pensamiento y se focaliza la atención. Resulta un método muy sencillo pero poderoso y también bastante sorprendente, ya que utiliza un lado compulsivo de nosotros y nos hace cada vez más fluidos y flexibles pensadores. Cuanto más escribimos, más rápido pensamos y de manera más dúctil.

Fluir mental

Para que tu pensamiento sea más fluido (cantidad) y más flexible (creativo), hacé listas.

Hacer listas de cosas es una manera muy poderosa de incrementar la fluidez de tu pensamiento.

Por ejemplo, hacé una lista en pocos minutos de todos los usos posibles que pueda tener una bicicleta. Es probable que se te ocurran muchas cosas pero también te vas a censurar algunos pensamientos y vas a listar sólo las más obvias. Para poder romper con esa censura, necesitás ser flexible. Permitite escribir un montón de otras ideas.

La flexibilidad a nivel pensamiento significa la habilidad para ver más allá de lo ordinario y lo convencional. Significa tener un rol de pensamiento donde se improvise más.

Ejercicio para ejercitar el pensamiento fluido y flexible

Escribí una oración de cuatro palabras ("quiero comer muchos duraznos").

Escribí oraciones de cuatro palabras, donde cada palabra empiece con la primera letra de la oración original.

Por ejemplo, la "q" de quiero, la "c" de comer, la "m" de muchos, y la "d" de duraznos: "quizá cambie muy deprisa" o "queso cantábrico mal cocido".

Bloqueos y revelaciones en el cerebro

Un insight es como encontrar una aguja en un pajar.
Hay un trillón de posibles conexiones en el cerebro,
y debemos encontrar una que es exactamente
la que necesitamos.
MARK BEEMAN

Pensá en tu potencial creativo como un bosque que se incendia ferozmente. Energía furiosa y caliente, esparciéndose y creciendo con poder explosivo. Los bosques no se incendian mágicamente de la nada. Empiezan con una chispa. Igual que la creatividad. Uno de los grandes bloqueos de la creatividad es que tenés la sensación de que necesitás imaginar y diseñar a la perfección toda tu solución creativa antes de empezar a trabajar en tu desafío. Todos los proyectos creativos que he trabajado han nacido de una simple pero perfecta chispa de inspiración. Todos los desafíos creativos rebotan, hacen metamorfosis y cambian de dirección durante su camino a la solución final.

Los bloqueos creativos son conocidos en neurociencia como *impasse*. Ocurren cuando uno está haciendo alguna tarea utilizando sus pensamientos conscientes y se encuentra en un camino sin salida donde no logra resolver algo. Un *impasse* es como una piedra en el medio del camino de un deseo mental, alguna conexión que vos querés hacer pero que no podés concretar: querer acordarte del nombre de un viejo amigo, pensar cómo se va a llamar tu nuevo hijo o directamente estar en blanco por completo y no saber qué escribir sobre un proyecto. Todos experimentamos con regularidad estos bloqueos o *impasse*. Cuando uno necesita ser creativo, es muy importante y relevante traspasarlos o evitarlos de algún modo.

En el mundo de hoy, ya hay estudios que muestran que más del cincuenta por ciento de los trabajadores hace tareas relacionadas de alguna forma con la creatividad. Describir, inventar, diseñar, dibujar, colorear, recontextualizar, etcétera. Crear o transmitir información de una manera novedosa. La novedad nos llama poderosamente la atención y, en el mundo de los negocios, ésta tiende a generar ganancias. En este sentido, el proceso creativo es un gran motor para la creación de valores. Aunque, en general, la mayor parte de tu día estés ejecutando rutinas que no implican mucha creatividad, muchas veces te encontrás con un inconveniente nuevo. Algunos de estos problemas no tienen procedimientos a seguir, explicaciones obvias o recuerdos en el cerebro y requieren soluciones distintas de las que ya han sido trabajadas o realizadas.

Para sobrepasar los bloqueos y permitir la aparición de *insights*, nada mejor que silenciar la actividad de tu córtex, donde se generan tus pensamientos conscientes. Es el mismísimo ruido del córtex el que provoca los bloqueos. Gracias a la tecnología podemos medir qué sucede en el cerebro mientras las personas están tratando de solucionar asuntos de diferentes características. El doctor Mark Beeman, de la Northwestern University, descubrió que el cuarenta por ciento de las veces las personas resuelven los problemas de manera lógica, probando una idea atrás de la otra hasta que algo hace click. El otro sesenta por ciento –como ya vimos– lo hace mediante *insights*, una experiencia caracterizada por no tener una progresión lógica para llegar a la solución, ya que ésta surge repentina y sorprendentemente. Como ya aprendimos sobre el proceso creativo, estos *insights* involucran mucho el inconsciente y aparecen en lugares y tiempos raros, no usuales, en especial cuando uno está haciendo algo donde no hay un esfuerzo del córtex, la razón, el consciente, para resolver un problema.

Hemos mencionado que, en general, cuando uno se enfrenta a un problema nuevo lo que hace es aplicar estrategias que han funcionado en experiencias previas. Esto funciona bien si el problema nuevo es muy parecido al problema viejo y si no se necesitan soluciones diferentes, creativas. Sin embargo, en muchas situaciones, la respuesta del pasado lo que hace es frenar mejores soluciones que podrían surgir. Esta estrategia incorrecta se convierte en la fuente del *impasse*, que sucede cuando uno intenta encajar soluciones antiguas en problemas nuevos. Lo que muestra la ciencia es que muchas veces uno se queda atrapado en un *impasse* debido a que las respuestas equivocadas están frenando las correctas. Poder resolver un *impasse* es como tratar de cambiar la dirección del tránsito en un puente; tenés que detener los autos de una mano antes de que suban al puente, para que pasen los de la otra. Cuando vos te tomás un recreo del problema, tus formas activas y conscientes de pensamiento disminuyen y ahí le estás dando lugar al subconsciente para que empiece a hablarte. Esto explica también por qué las respuestas a tu problema a menudo las tienen otras personas, con otra perspectiva, que no están atrapadas en tu forma de pensamiento. Lo que hay que hacer cuando uno llega a un *impasse* es algo contraintuitivo, no tenés que tratar de focalizarte cada vez más fuerte y más tiempo en ese problema, deberías hacer algo completamente diferente en esos minutos, algo que te interese, divertido. Es la mejor forma para estimular la aparición de revelaciones. Además, el hecho de focalizarte con más intensidad en el problema lo que hace es incrementar tu ansiedad.

Beeman observó que las personas que resuelven

los problemas mediante *insights* tienen mayor actividad en una región del cerebro conocida como el lóbulo temporal anterior derecho. Se encuentra justo debajo del oído derecho y forma parte del hemisferio derecho, el más relacionado con las conexiones holísticas. Esta área reúne información del cerebro que está distante. Lo cual me hace pensar en los cajones lejanos que se abren y se cierran, desbordando conceptos que se juntan en un nuevo concepto en el lóbulo temporal anterior derecho. Otras observaciones muestran que, un segundo y medio antes de tener un *insight*, el cerebro parece estar muy tranquilo. Durante este tiempo hay un incremento repentino y prolongado de una actividad eléctrica que se llama "alpha" en todo el lóbulo occipital derecho, región que procesa la información visual. Esta súbita actividad alpha desaparece con exactitud en el momento del *insight*. Pareciera que el cerebro apagara, con esa actividad y justo antes de resolver el problema, todo lo relacionado con la entrada visual, con el funcionamiento de la visión, como una forma de bajar el ruido producido por el estímulo visual para que esto le permita encontrar una solución. Callate la boca, estoy pensando en algo. Nos pasa a todos que muchas veces estamos hablando con alguien y, de repente, los ojos se van para arriba, están como distraídos. Lo que está haciendo el cerebro es apagar un montón de *inputs* visuales para focalizar en señales internas muy sutiles que van a dar lugar al *insight*. Aparentemente, si no hacés esto, es difícil que el *insight* ocurra.

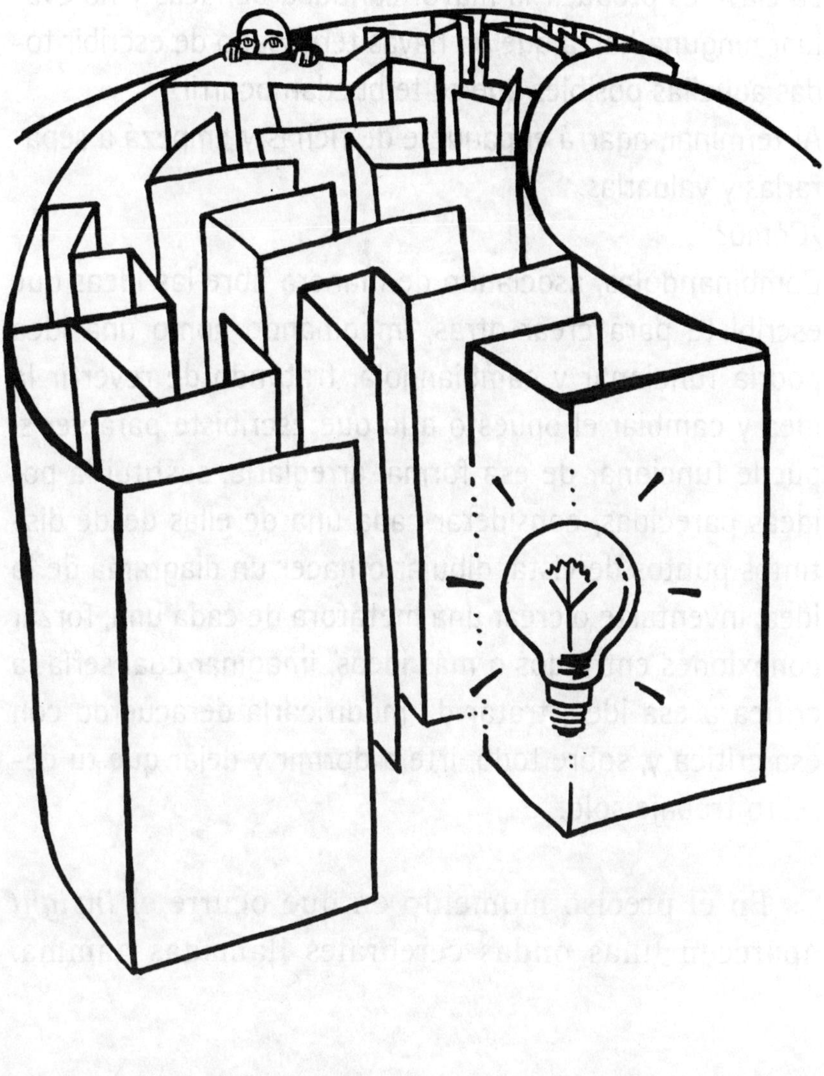

Técnica del *brainstorming* solitario

Escribí en fichas una idea por ficha.
Poné las fichas al costado a medida que vas escribiendo.
Escribí las ideas a medida que se te ocurren, sean buenas, malas, raras, exóticas, mezcla de cosas. No importa si son lógicas o si tienen valor.
La clave es producir la mayor cantidad de ideas y no evaluar ninguna hasta que no hayas terminado de escribir todas aquellas posibles que se te puedan ocurrir.
Al terminar, agarrá el paquete de fichas y empezá a separarlas y valuarlas.
¿Cómo?
Combinándolas, asociando de manera libre las ideas que escribiste para crear otras, imaginando cómo una idea podría funcionar y cambiándola, tratando de revertir la idea y cambiar el opuesto a lo que escribiste para ver si puede funcionar de esa forma, arreglarla, sustituirla por ideas parecidas, considerar cada una de ellas desde distintos puntos de vista, dibujar o hacer un diagrama de la idea, inventarte o crear una metáfora de cada una, forzar conexiones entre dos o más ideas, imaginar cuál sería la crítica a esa idea, tratar de modificarla de acuerdo con esa crítica y, sobre todo, irte a dormir y dejar que tu cerebro trabaje solo.

En el preciso momento en que ocurre el *insight* aparecen unas ondas cerebrales llamadas gamma.

Y esto ocurre treinta milisegundos antes de que la respuesta aparezca en nuestra conciencia. Estas ondas son las más rápidas del cerebro y representan un grupo de neuronas que se disparan al unísono, todas juntas. La frecuencia gamma significa que regiones del cerebro empiezan a comunicar una con la otra. Relacionándolo con la teoría de Kandel, imagínense los cajones que se abren y se cierran en diferentes puntos del cerebro, haciendo conexiones de conceptos al parecer no relacionados para formar una idea nueva, un *insight*. Las personas que meditan profundo tienen muchísimas ondas gamma, las que presentan mucha dificultad para aprender, pocas, y una persona que está inconsciente o en coma no tiene ninguna. El *insight*, además, viene acompañado de un golpe energético muy fuerte, uno lo puede ver en las caras de las personas, en su voz o en su lenguaje corporal. Uno se siente bien, casi eufórico. Pero esta energía liberada por el *insight* tiene muy corta vida, y es durante este breve tiempo de energía que la gente está más motivada y con más coraje para comprometerse a tomar ciertas acciones. Una vez que este cóctel de neuroquímicos desaparece, la motivación decrece con rapidez. Hay que hacer, activar, moverse lo más rápido posible luego de un *insight*.

Soltá

Cuando un mono ve un tarro con nueces, va, mete la mano y agarra algunas. Pero la boca del tarro es tan angosta que con la mano llena de nueces no la puede sacar. El mono no quiere soltar las nueces. Queda atrapado.

Nosotros, las personas, también quedamos atrapados con cosas que no queremos soltar: opiniones, preocupaciones, creencias, ansiedades.

Ejercicio para cuando experimentás un bloqueo mental

Imaginá que eso que te bloquea está representado físicamente por algo que vos estás vistiendo: un gorro, un anillo, un pañuelo, un pulóver, un zapato.

Sacátelo y te vas a sentir liberado y más relajado.

Hay una relación muy fuerte entre los estados emocionales y los *insights*. La **felicidad** incrementa la posibilidad de tener *insights*, mientras que la ansiedad los decrece. Cuando uno está ansioso, hay una actividad cerebral mucho más fuerte que dificulta la habilidad de recibir señales sutiles. Éstas son las señales –como acabamos de ver– que ocurren justo antes del *insight,* cuando el cerebro se tranquiliza.

Otros estudios muestran que **aquellas personas que suelen tener más revelaciones son las más conscientes de sus experiencias internas.** Pueden observar su propio pensamiento y entonces, al hacerlo, cambiar la manera en que piensan. Estas personas tienen más control sobre sus pensamientos y, gracias a esto, pueden poner la mente en calma para permitirse los *insights*. **Toda técnica o disciplina que te permita conocerte más, desarrollar tu inteligencia emocional, te hace, literalmente según la ciencia, más creativo.** No es una cuestión de focalizar o concentrarte más fuerte en el problema, y tampoco hay que ser un genio para lograrlo.

En resumen, es fácil quedar atrapado en un problema sin soluciones y esto en neurociencia se conoce como *impasse*. Resolver un *impasse* requiere dejar al cerebro en pausa, reduciendo su activación, para que no aparezcan respuestas incorrectas. Tener *insights* o revelaciones requiere poder escuchar señales muy sutiles y permitirle al cerebro hacer conexiones internas. Para esto la mente debe estar lo más calma posible, con la cantidad mínima de energía eléctrica. Por ello, las revelaciones ocurren en general cuando uno está más relajado o más contento. Entonces, siempre que puedas, intentá sacarte presión, extender un *deadline*, hacer algo divertido, reducir la ansiedad, tomarte un *break* y hacer algo liviano. Frená un poco tu mente para ver si así aparecen conexiones más sutiles. Y si el *insight* ocurre, focalizá en eso lo más rápido posible para que la energía no decrezca.

TÉCNICA DE LA PALABRA AL AZAR

Elegí una palabra al azar (hay sitios webs que te generan palabras al azar).

Dibujá lo que te sugiere esa palabra. De esta manera empezás a utilizar el hemisferio derecho del cerebro.

Escribí al lado del dibujo todas las características que tiene esa palabra.

Escribí al lado del dibujo todas las asociaciones que te sugiera esa palabra.

Conectá las características y asociaciones que escribiste con tu desafío creativo.

Por ejemplo:

Mi desafío: pensar un nuevo cepillo de dientes.

Mi palabra al azar: perro.

Características del perro: muchos pelos, nariz negra, cuatro patas, mueve la cola, entierra huesos.

Asociaciones con perro: cariño, lealtad, coraje, rescate.

Conexión característica, asociación y mi desafío creativo: ¿Y si me propongo un cepillo de dientes que además tenga movimiento como masajeador de la cara (mueve la cola, cariñoso)?

Relajación

Leíste muchísima información, probablemente durante largos minutos. Te propongo parar de leer y tomarte un momento para relajarte. Tu cerebro ha estado con mucha actividad, y la verdad es que se merece un pequeño recreo. Tomá algunas inspiraciones bien, bien profundas y sólo quedate ahí sentado o acostado, por cinco minutos. Dejá que tus pensamientos floten sin control. Si te sentís cómodo haciéndolo, cerrá los ojos.

¿Qué pasó con tu mente cuando hiciste esto? Sin duda tomaste una respiración profunda, y ¿qué hizo tu mente? ¿Aparecieron pensamientos? Seguro que sí. ¿Eran interesantes, utilizables o buenos para vos? Si no lo eran, igual no te preocupes. En este tipo de momentos las revelaciones aparecen más seguido, cuando menos las esperás.

Algunos investigadores llaman a esto la atención **desfocalizada.** Como ya vimos, cuanto menos intensa está activada la red neuronal, más neuronas distintas pueden activarse. En otras palabras, si soltamos un poco o, lo que es lo mismo, ampliamos la red de pesca, vamos a poder capturar muchos más peces. En lugar de tener la red muy ajustada, la soltamos.

RELAX

Los momentos de relax no suponen necesariamente estar en silencio con los ojos cerrados y quietos. Mucha gente los tiene cuando está conduciendo, cuando se está divirtiendo con algo, cuando está hablando de algo que no se relaciona con esa idea que busca, caminando, yendo a correr, lavando los platos, etcétera. En muchas ocasiones ocurre en la naturaleza, pero también cuando estás pintando, cuando estás en la arena o buscando un libro. Algunas personas, simplemente, se sientan y meditan. Ya vimos que en estos momentos de claridad mental aparecen más ideas que de costumbre. Los estudios indican que relajarse ayuda a la creatividad al menos en dos formas. Por un lado, la relajación asiste directamente al proceso creativo y, por el otro, lo asiste de manera indirecta bajando los niveles de estrés, que son un obstáculo.

Las ondas cerebrales más frecuentes son las beta, asociadas con etapas de sueño nulo, cuando se está despierto y consciente. Al relajarse, las regiones más especializadas del cerebro empiezan a funcionar con menos actividad. Vimos que cuando sucede esto aparecen mayoritariamente las ondas cerebrales llamadas alpha, que corresponden a niveles de baja actividad del cerebro. En estos estados alpha, nuestras redes neuronales dominantes no están muy excitadas o encendidas. Tendemos a perder un poco el foco, empezamos a estar menos concentrados y a fantasear cosas. Sucede a menudo antes de dormirnos, cuando a veces pensamos cosas ridículas o raras, empezamos a viajar en nuestra mente y a imaginarnos cosas.

Cuando estas regiones bien especializadas del cerebro tienen menos actividad, el cerebro, como un todo, comienza a estar más activo. Es decir, al bajar la intensidad de algunas redes neuronales permite mayor actividad general, en todo el cerebro. Si yo bajo el volumen de las trompetas en una orquesta, voy a empezar a escuchar mejor el resto de los instrumentos. En estado alpha, las neuronas comienzan a encenderse y disparar por todos los rincones del cerebro. Cuando esto sucede, la nueva actividad cerebral es dominada por las ondas gamma, que están –ya vimos– directamente relacionadas con la aparición de los *insights.*

Cuando nuestra orquesta entra en calor antes de empezar el show, todos los instrumentos tocan cualquier cosa al mismo tiempo, produciendo una especie de caos musical. Éstas serían las ondas gamma. Indican, de modo caótico, alta energía en el cerebro. Sin embargo, las ondas gamma también pueden tocar en sincronía como si fuesen una alta energía sinfónica. Cuando esto sucede, ocurren altos niveles de proceso de pensamiento. Existe una cooperación y comunicación entre redes neuronales muy distantes. El cerebro empieza a integrar información compleja para poder descubrir significados o resolver problemas. Los monjes budistas en estado de meditación presentan altos niveles de sincronía de ondas gamma en el córtex asociativo. Las regiones del córtex asociativo son no especializadas, es decir, integran otras áreas del cerebro. En estados de relajación profunda, las partes especializadas del cerebro se silencian y las no especializadas que integran las otras se potencian. Es un buen momento para que ocurra una revelación. Cuanto más relajados, más regiones del cerebro que no estaban conectadas comienzan a conectarse más. Por esto, la relajación promueve directamente la creatividad porque permite la aparición de más revelaciones, que ocurren al asociarse regiones distantes del cerebro.

Cajones que a la distancia se abren y se cierran, permitiendo a sus recuerdos asociarse libremente y de forma novedosa para generar una idea nueva.

En esencia el estrés tiene lugar cuando nuestros mecanismos de supervivencia están muy activos, y estos mecanismos incluyen muchas veces estar propensos a hacer juicios de valor bien rápidos o respuestas bien reactivas. Sabemos que, para poder ser lo suficientemente flexibles como para probar nuevas ideas, necesitamos estar más tranquilos y no reaccionar tan rápido.

Veremos más adelante qué emociones, como el estrés, dependen muchísimo de una parte pequeña del cerebro que se llama amígdala. Sin embargo, sólo el cinco por ciento de todos los estímulos sensoriales pasa por la amígdala. Por lo tanto, el cerebro genera muchas veces reacciones emocionales con poca o limitada información. Estas emociones tienen directa influencia en nuestros pensamientos. Si reaccionamos a éstas, y a sus pensamientos asociados, podemos empezar a perpetuar o exagerar reacciones emocionales. Empezamos a no negociar. Mantenemos una perspectiva bien angosta. Escapamos o peleamos. Es entonces beneficioso permitir que nuestra reacción emocional inicial se calme, baje un cambio en vez de perpetuarse. Para poder tener ideas más creativas es muy beneficioso relajarse.

Veremos en más detalle que, bajo condiciones de estrés, el cuerpo estimula la producción de una hormona, cortisol, que destruye células neuronales del hipocampo. Esta región es muy importante para nuestra capacidad de memoria, pero también crítica para adquirir nuevos conocimientos, para tener ganas de explorar.

En resumen, caminar en silencio, meditar, rezar o practicar cualquier tipo de actividad relajante no sólo nos beneficia en la reducción del estrés y en bajar el nivel de la reactividad emocional, sino que además estimula los niveles de sincronicidad y actividades de las regiones no especializadas del cerebro. Esto permite crear más espacio en la mente para estar más propenso a generar ideas creativas o revelaciones que vengan desde nuestro inconsciente.

¿Qué onda?

Las estrellas no pueden ser vistas durante el día porque su luz es sobrepasada por la del sol. De la misma manera, muchas ideas no pueden ser descubiertas porque son como pequeñas luces que están sobrepasadas por la actividad del cerebro.

Esta actividad se la conoce como ondas beta. Son muy ruidosas, como el ruido que hace tu boca al comer papas fritas. Las ondas alpha son aquellas más profundas, van más despacio y hacen menos ruido que las beta. Son las que se producen justo en el momento de los *insights*.

Las ondas alpha calman tu mente y, de esta manera, vas a poder "ver" las soluciones que ya están ahí.

Cuatro sugerencias para promover las ondas alpha:

- Un ambiente tranquilo, puede ser una habitación o un lugar afuera.
- Utilizar alguna técnica mental específica. Hay muchísimas técnicas de relajación mental; si ya tenés una, perfecto. La idea es que, una vez que elegiste una técnica, la practiques con frecuencia.

- Actitud pasiva. Vaciá tu mente; cuando vienen los pensamientos, dejalos pasar. No te quedes trabado o dando vueltas sobre esos pensamientos.
- Posición confortable. Cualquier postura que te permita estar con la espalda derecha por lo menos quince minutos sin quedarte dormido.

Se puede

La persona que dice que no se puede no debería interrumpir a la persona que lo está haciendo.
PROVERBIO CHINO

Muchas veces sentimos que no podemos cambiar. Ya vimos que en general reaccionamos a nuestros desafíos de manera conocida o mediante respuestas ya utilizadas en otras circunstancias parecidas. Pensamos reproductivamente. Cuando tenemos la necesidad, la urgencia de responder de modo diferente por alguna circunstancia en particular, nos es muy difícil pensar en otras alternativas. A todos nos pasa, tenemos estos bloqueos mentales y no encontramos una forma nueva de lidiar con un problema o de manifestar alguna idea distinta, de buscar opciones para llevar una vida diferente de la que llevamos hoy. Le pasa a un escritor, cuando se sienta a tratar de escribir una novela y pasan días sin poder escribir una sola línea, sin inspirarse. Pero también vemos a nuestro alrededor gente que parece tener la forma de encontrar siempre alternativas o de percibir las oportunidades de recontextualizar su vida y transformarla para tener mejores experiencias. El psiquiatra de Harvard Albert Rothenberg dice que la única característica que tienen en común todas estas personas que parecen ser más creativas en sus vidas es las **ganas de ser**, la motivación para ser más creativos o diferentes. El proceso creativo es un proceso difícil y, como todo tipo de procedimiento, tiene sus obstáculos y también sus recompensas. Lo que hemos aprendido de la gente creativa a lo largo de la historia es que sin el **deseo** de participar, sin la motivación, las ganas de pensar diferente, de encontrar nuevas ideas, este proceso no puede ser ni siquiera iniciado. Mi sugerencia es que no comiencen si no tienen las ganas de hacerlo, sin estas últimas no podemos pensar distinto. Muchos de nosotros consideramos la razón nuestra herramienta intelectual de más confianza o más valiosa. Nos provee un mecanismo que nos hace creer que reduce la probabilidad de equivocarnos e incrementa la calidad de nuestras decisiones. También tratamos de usar esta habilidad de la razón para generar ideas que valgan la pena y para poder discernir entre cuáles son buenas y cuáles son malas. Cuando hacemos algo luego de haberlo pensado racionalmente, nos ayuda a disminuir nuestras inseguridades. Hasta hemos bautizado a esta forma predominante de pensamiento como “sentido común”, dándole así una calidad universal. Sin embargo, el sentido común que utilizamos para muchas de nuestras decisiones no es racional. Cuando de repente decimos: “No tiene sentido lo que hizo”, por el solo hecho de no entenderlo, no hace a esa persona menos racional que nosotros mismos o viceversa. Nuestros pensamientos entonces no están predominados por la razón sino, fundamentalmente, por el reconocimiento de patrones, como vimos en la primera parte. Procesamos información nueva imponiéndonos un significado basado en contextos o significados que ya hemos asumido antes. Además, a menudo tomamos juicios de valor o decisiones súbitas, por una especie de regla automática de pulgar para arriba o pulgar para abajo más que mediante un análisis lógico de la situación.

Vuelvo a remarcar que nuestros patrones de reconocimiento habituales nos permiten reaccionar con rapidez en nuestro ambiente, pero la tendencia a reforzar todas las asunciones persistentes también nos limita la mirada que tenemos del mundo, el acceso a ideas nuevas o soluciones distintas. Somos criaturas de hábitos y nos falta con frecuencia el deseo o la conciencia de romper con esos hábitos de pensamiento. Algunos científicos dicen que tenemos unos sesenta y cinco mil pensamientos por día y que el noventa y cinco por ciento es igual a los de ayer y lo será a los de mañana. Si nos ponemos a pensar, es difícil probar comidas nuevas o elegir un yogur de una fruta que no hemos comido nunca; imagínense entonces cuánto lo es cambiar la cultura de una empresa o el procedimiento de algo que hacemos hace mucho tiempo.

Nos sentimos seguros cuando controlamos. El control es necesario para manejar un auto o para abrigar a nuestros hijos cuando hace frío pero también nos puede llevar a frustraciones innecesarias; por ejemplo, cuando tendemos a querer controlar a otras personas o cómo ellas piensan. Nos enojamos cuando llegamos tarde a una entrevista o al laburo porque no podemos controlar el tránsito de la misma manera que controlamos la música de nuestro iPod. Nos sentimos incompletos si no tenemos el nuevo auto, la nueva tecnología, la nueva casa, una persona a nuestro lado que nos guste mucho o la ropa que esté a la moda; hasta podemos entrar en ciclos de sentirnos muy estresados porque nos faltan, nos ponemos ansiosos, también por la posibilidad de perder alguna de nuestras cosas o cuando nos damos cuenta de que al obtenerlas nos dan poca satisfacción. Entonces, volvemos a querer tener más o versiones más raras de lo que ya tenemos. Desafortunadamente tendemos a tratar estas dos situaciones, el control y el deseo por lo externo, como algo universal. El control y la satisfacción externa son sólo dos de un montón de decisiones que tomamos de manera súbita, aplicando la regla del pulgar para arriba o para abajo. Es decir, enfrentamos todos los desafíos que nos acechan no porque nos falten otras alternativas sino porque lo hacemos siempre de la misma forma, por nuestros hábitos. Nuestras percepciones y nuestros comportamientos habituales con frecuencia dirigen nuestras vidas. Cada uno de nosotros tiene sus historias sobre cómo son las cosas y cómo se supone que deberían ser. Cuando nos decimos que una idea tiene sentido para nosotros, no estamos haciendo un análisis objetivo; lo que con claridad expresamos es que hemos encontrado una forma de que esa idea se acomode a nuestras historias predominantes, es decir, a nuestros hábitos. ¿Cuántas veces alguno de ustedes se ha encontrado en reuniones de trabajo en las cuales cada uno de los participantes cree tener el argumento o la percepción correcta del motivo que los lleva a esa reunión? Al acceder a diferentes perspectivas nos permitimos mirar el mundo a través de distintos lentes y de esta forma abrirlo a diversas posibilidades. Cuando los hermanos Wright pensaron que volar no era sólo para las aves, eso les permitió crear el primer avión. Al investigar perspectivas nuevas nos encontramos con posibilidades que no tienen sentido para nosotros porque no se relacionan o se acomodan con nuestras viejas historias. En ocasiones, cuando a nuestras ideas nuevas que nos son útiles les damos una posibilidad, comienzan a tener sentido para nosotros, como si nuestras viejas historias evolucionaran para convertirse en otra situación y terminamos así aprendiendo algo nuevo.

De muchas maneras distintas el proceso creativo significa un incremento en el grado de libertad de nuestras vidas; cuanto más conscientes somos de nuestras opiniones y de las posibilidades que tenemos en cada decisión, menos restringidos nos vamos a sentir; ya sea para ser más creativos en nuestras carreras o para descubrir mejores formas de usar nuestro tiempo. Este pensamiento creativo hace nuestras vidas más complejas y nos da la capacidad de hacer más de lo que deseamos, así como puede simplificarnos la vida y ayudarnos a ser más eficientes o a percibir lo extraordinario en las cosas ordinarias.

A menudo nos pasa que quedamos enganchados con algún éxito relativo que hemos obtenido por nuestros hábitos. Esto hace que aumenten las ganas de no salir de ellos porque hemos sentido satisfacción. Pero, como vimos, tenemos la habilidad innata de poder hacer y pensar las cosas de manera diferente. La primera condición para encontrar más posibilidades es explorar otras alternativas que el mundo nos puede ofrecer. Primero hay que creer que algo diferente es posible.

Tus asunciones son tus ventanas al mundo. Lavalas cada tanto, si no la luz dejará de entrar. ALAN ALDA

Técnica: Asunciones revertidas

Todo tema, disciplina o desafío tiene sus asunciones. Lo que está dicho, lo que se sabe o lo que se cree que debería ser. Escribí todas las asunciones relacionadas con tu desafío creativo y después revertilas. ¿Qué surge a partir de eso?

Técnica: Perspectiva desde otras profesiones

¿Cómo un bailarín, científico, bombero, escribano, domador de leones, etcétera, resolvería tu desafío creativo? Nos ponemos en la piel del otro. Otros enfoques nos van a hacer aparecer nuevas ideas. Una de las maneras más sorprendentes y disfrutables de cultivar otras perspectivas es mediante los viajes. Alejarse de los lugares donde pasamos la mayor parte de nuestro tiempo. Cuando estamos físicamente cerca de la raíz del desafío, nuestros pensamientos son automáticamente más estrechos, acotados a una serie muy finita de asociaciones posibles. Esto puede ser muy bueno para ayudarnos a focalizar en los hechos pero limita nuestra imaginación.

El punto ciego del experto

El hombre puede vivir sin aire unos minutos;
sin agua, dos semanas; sin comida, dos meses,
y sin ningún pensamiento nuevo,
durante años y hasta el fin de sus días.
KENT RUTH

Algunos estudios sobre pensadores muy creativos nos muestran que todos tienen una característica en común: cierta habilidad para tolerar la ambigüedad, la disonancia, la inconsistencia y las cosas que están fuera de lugar. Estos pensadores van a mirar el problema de distintas maneras, van a tratar de examinar distintas variables buscando muchas veces por lo inesperado. Cuanto más educados somos, más cubitos de hielo tiene nuestra cubetera y más especializados se vuelven. Esto puede conducir a tener una imaginación más limitada si no la ejercitamos. A menudo, las personas que saben más, ven menos y las personas que saben menos, ven más. Leonardo da Vinci nunca fue a la universidad, su mente de adulto se parecía más a un vaso de agua que a una cubetera. Su mente integraba información, en vez de segregarla.

Técnica: Profesiones y oficios

Hacé una lista de profesiones y oficios.

Al azar decí tres letras. Por ejemplo: "c", carpintero; "b", bombero, y "m", médico.

Escribí una lista de atributos y características de estas tres profesiones. Pensá con fluidez, sin detenerte, listando todo lo que te aparezca en la mente, incluso si tenés pensamientos asociados con esas profesiones.

Combiná todo lo que escribiste, las características, los atributos y los pensamientos asociados con tu desafío creativo.

Sin duda aparecerán ideas absolutamente diferentes. Esto es conocido como el concepto del *blending*, la mezcla de conceptos que en apariencia no están relacionados y a los cuales tratás de encontrarles una relación. Vas a estirar tu imaginación haciendo multiplicidad de asociaciones entre diferentes profesiones u oficios y combinándolas de manera aleatoria en nuevas ideas relacionadas con lo que vos necesitás, con tu desafío.

Impasse personal

En 2004 me encontraba en la Escuela de Medicina de Harvard estudiando la distrofia muscular de Duchenne, una terrible enfermedad genética del músculo. Ya hacía dos años que había llegado a Boston proveniente de Francia, donde había terminado mi doctorado y me encontraba en una encrucijada. Había recolectado muchos resultados en dos años de trabajo pero no lograba analizarlos para poder seguir adelante con mi investigación. Estaba en un gran *impasse* y por demás ansioso. A pesar de mis conocimientos del músculo, la biología molecular y la bioquímica de la enfermedad no podía entender los resultados que yo mismo había obtenido con mis experimentos. Fue entonces que, paralizado, decidí hacer lo que uno por lo general hace cuando tiene problemas en su trabajo: consultar a una persona que sabe más; en este caso, mi jefe, el doctor Louis Kunkel. Lou, como le decíamos, me abrió las puertas de su oficina. Allí le mostré durante casi tres horas mis resultados, un montón de datos e información. Lou fue quien descubrió en 1988 por qué se desarrolla esta enfermedad en los niños, una eminencia en el tema y posible candidato al Premio Nobel por este descubrimiento. Lou era –y es– quizá la persona que más podía ayudarme. Se pasó esas horas conmigo mirando con mucho empeño e intención todos mis resultados, y me dijo algo sorprendente:

–Mirá, Estani, la verdad es que yo tampoco sé qué hacer con esto que me mostrás. Hay un montón de cosas que no entiendo y no puedo decirte cómo continuar, hay algo que no me cierra pero no logro descubrirlo. Hay algo que no puedo ver. –Decepcionado por sus palabras, no pasaron ni treinta segundos cuando continuó con lo siguiente–: ¿Por qué no le consultás todas estas cosas a los *janitors*?

Los *janitors* son las personas que limpian los edificios, las universidades, los hospitales y las escuelas en Estados Unidos, cuando empiezan a irse los empleados. Llegan como un ejército con baldes, escobas, enceradoras y aspiradoras, y durante la noche dejan el lugar a la perfección para que a la mañana podamos, en este caso, los investigadores y sus equipos, volver a trabajar de la mejor manera posible.

–Lou, pero no entiendo. ¿Cómo les voy a explicar a estas personas que no saben estos temas, que no han estudiado, algo tan complejo como lo que estamos haciendo acá en el laboratorio? –le digo entonces.

Y él, con una media sonrisa, me preguntó:

–¿Acaso ellos no hablan español como vos? ¿No es el español tu lengua materna?

–Sí, sí, es verdad. En su gran mayoría son inmigrantes de Guatemala, de Honduras, de El Salvador y hablan perfecto español, como yo –le respondí.

–Bueno, explicales en tu lengua, de la manera más sencilla posible, y confío en que lo vas a hacer bien, cuáles son estas encrucijadas, estas problemáticas que tenés frente a tus resultados que no te permiten avanzar, y haceme caso. Vos me viniste a consultar como tu jefe, hacelo y después hablamos –me dijo Lou.

Me fui un poco angustiado y sin entender este consejo. Hacía ya doce años que estaba trabajando en biología molecular y que estudiaba y estudiaba cada vez con más profundidad estos temas. Ahora tenía que enfrentarme, por primera vez, con un público absolutamente diferente, con una **perspectiva** distinta por completo, y no sabía bien cómo hacerlo. Estaba acostumbrado a dar clases a biólogos, a médicos, en ocasiones a empresarios, en Francia o en Estados Unidos o en mis escapadas a la Argentina.

Tenía ciertos prejuicios, lo voy a reconocer, frente a esta tarea que me encomendaba mi jefe. Pero me pareció también divertida y un gran desafío para mí. Mis colegas investigadores latinos me alentaron y quisieron participar mostrando también sus trabajos. Empecé a quedarme tarde en el trabajo para poder charlar con los *janitors* y arreglar un encuentro en el anfiteatro del Hospital de Niños de Boston, un lugar increíble por donde han pasado Premios Nobel y han hablado personas muy famosas y exitosas. Hacía cuatro semestres que había sido elegido en forma consecutiva como el mejor docente del Departamento de Ciencias Biológicas de Harvard; sin embargo, esa noche mis nervios eran casi incontrolables. Además tenía que hablar en español algo que, desde años atrás, sólo hacía en inglés. Era todo un desafío.

A las tres de la mañana del día D, los *janitors* tomaron su recreo y nos encontramos todos en el auditorio. Eran unas veinticinco personas que, de manera muy emocionante, iban sentándose en la sala que conocían por limpiarla cada noche, pero donde muchos nunca se habían sentado, dejando las escobas y todo su material de trabajo en la parte de atrás del anfiteatro. Comenzó la función. Traté de explicar, de la forma más sencilla posible y con palabras no técnicas, qué me estaba pasando, por qué los había citado. Utilicé una presentación de PowerPoint: figuras, fotos y diagramas. Mostraba básicamente los resultados que había obtenido en esos dos años. Al principio hubo un silencio muy respetuoso, hasta que algunos empezaron a romper el hielo y a hacerme preguntas en su mayoría muy sencillas pero bien interesantes, como para saber qué era lo que estaba haciendo. Sentí también algunas miradas de orgullo hacia mí. Tuve la sensación de ser más latino que argentino, me sentía cerca y lejos de ellos al mismo tiempo. Hasta que llegó un momento en que una señora, que recuerdo estaba embarazada y era de El Salvador, se levantó de su asiento y me hizo una pregunta que me permitió hacer un click en mi cabeza, tener un *insight*. Sin entrar en detalles –no es el propósito de este libro–, yo había explicado y mostrado unos diagramas. La aparición de unas manchas negras en éstos, según la técnica bioquímica que estaba utilizando, significaba que no había presencia de algo que me interesaba encontrar en las muestras de esos pacientes. La señora me hizo una pregunta interesante:

–No entiendo cómo usted me dice que cuando ve algo –esas manchas negras– significa que no hay. –Entonces, me repite–: Si usted me está mostrando la mancha es porque esa mancha significa que hay algo.

Su frase me hizo viajar dos años atrás, cuando yo había comenzado mis experimentos, y me hizo repreguntarme: "¿No me habré equivocado al armar los reactivos químicos y la tecnología para desarrollar esta técnica?". Con rapidez pensé que ese error podría llegar a explicar la inconsistencia de los resultados y, por ende, la incertidumbre que tenía para continuar mis investigaciones (lo que se conoce como "arrastrar" un error cuando a uno le sucede al resolver una ecuación matemática). La reunión con los *janitors* siguió un rato más, pero ya no podía dejar de pensar en la pregunta de la señora y, cuando volví al laboratorio, corrí a repasar mis cuadernos y mis reactivos y las cosas que había preparado años atrás. Por eso es tan importante en la ciencia escribir y llevar registro de todo lo que uno hace. Repetí esa misma noche los experimentos de dos años atrás, ahora prestando mucho cuidado, obviamente, a cómo mezclaba los reactivos y los químicos y cómo usaba esa tecnología. Dos o tres semanas más tarde, todo empezó a esclarecerse; en realidad, me había equivocado, y la mirada de esta persona ajena al medio, no experta, lejos de mi disciplina, me permitió tener esta revelación y darme cuenta de lo que estaba pasando. Esto derivó en la publicación de dos artículos científicos de impacto internacional.

Cuando sabemos un montón sobre un tema, cuando tenemos mucha experiencia, cuando entendemos la cultura de una disciplina –biología molecular en mi caso–, de un país, de una compañía, de una familia, gozamos de muchas certezas. Y eso es bueno. Sin embargo, saber acerca de algo muchas veces nos anula la mente, no nos deja mirar un poquito más allá ni entender que existen distintas posibilidades o varias respuestas a una pregunta. En general, como ya he mencionado, la experiencia nos hace resolver los problemas, que vamos encontrando cotidianamente, de la misma manera que en el pasado, y una mirada de afuera o una mirada no experta, una mirada de otra disciplina, con otra perspectiva, nos permite encontrarle otra posibilidad a la problemática que enfrentamos.

Técnica: Lo muy diferente

A veces las ideas más interesantes o fértiles aparecen de elementos formados por las temáticas más diferentes o asimismo opuestas a las que estamos tratando con nuestro desafío creativo.

Por ejemplo, si estoy trabajando como organizador de eventos y mi desafío es "cómo hacer más entretenidas las fiestas de jóvenes", puedo hacer una lista de atributos y características relacionados con una iglesia.

A medida que vas listando atributos y características de las iglesias, van a aparecer en tu mente asociaciones muy interesantes y divertidas que podés adaptar a tu desafío creativo.

Test creativo
[adaptado del blog de Josh Linkner]

Respondé las siguientes preguntas lo más honestamente posible. Cada una ofrece respuestas en una escala del 1 al 5, donde 5 representa “Muy de acuerdo” y 1 representa “Muy en desacuerdo”. Mientras elegís tu respuesta, anotá el número en el cuadro de resultados que se encuentra al final de la lista de preguntas.

1) Llevo conmigo la creatividad a todos lados (reuniones, charlas, interacciones con otras personas). Mi creatividad es verdaderamente una parte de lo que soy.

1	2	3	4	5

2) Antes de empezar un proyecto que requiere creatividad, siempre tengo claro cuál es mi desafío creativo.

1	2	3	4	5

3) Me siento cómodo compartiendo mi opinión y tomando ciertos riesgos en el trabajo o estudio.

1	2	3	4	5

4) Raramente me quedo sin recursos creativos. Tengo muchos recursos para inspirarme a mi alcance.

1	2	3	4	5

5) Tengo ideas muy diferentes del resto de mis colegas o compañeros.

1	2	3	4	5

6) Si trabajo en equipo, en general gana la mejor idea, no la idea de la persona que "sabe más del tema".

1	2	3	4	5

7) Siento que tengo mucha creatividad dentro de mí.

1	2	3	4	5

8) Desafío y cuestiono regularmente el estado de las cosas.

1	2	3	4	5

9) Hago ejercicios de entrada en calor mental rutinariamente para prepararme mejor frente a mis desafíos creativos.

1	2	3	4	5

10) Empiezo rápido y con facililidad a trabajar cuando tengo un desafío creativo frente a mí.

1	2	3	4	5

11) Realizo lluvia de ideas (*brainstorming*) de manera frecuente, divertida, enfocada y productiva.

1	2	3	4	5

12) Tengo un sistema para seleccionar las mejores ideas de las que no son tan buenas.

1	2	3	4	5

13) Donde trabajo se nos pide ser creativos, tenga la tarea que tenga.

1	2	3	4	5

14) Me hago preguntas internamente sobre por qué algunas cosas no existen hoy en día.

1	2	3	4	5

15) Cuando trabajo en ideas nuevas, abandono mi entorno cotidiano y encuentro uno nuevo que me permita crear.

1	2	3	4	5

16) Me siento lo suficientemente confiado para hacer frente a cualquier desafío creativo, grande o chico.

1	2	3	4	5

17) Cuando trabajo solo o en equipo para desarrollar ideas nuevas, uso distintas técnicas que aprovechan mi potencial creativo.

1	2	3	4	5

18) Sé cómo medir la creatividad que tienen mis ideas.

1	2	3	4	5

19) Donde trabajo o estudio se premia y se valora la creatividad.

1	2	3	4	5

20) Es raro que acepte las cosas como son, y suelo cuestionar la autoridad.

1	2	3	4	5

21) Mientras voy creando cosas nuevas, raramente las edito o las cambio en el proceso.

1	2	3	4	5

22) Conozco muchas técnicas para ser más creativo.

1	2	3	4	5

23) Tengo mucha imaginación y muchas ideas "locas".

1	2	3	4	5

24) Una vez que tengo una buena idea, suelo testearla antes de comentarla con alguien.

1	2	3	4	5

25) La creatividad, la originalidad y la imaginación son algunas de mis prioridades personales y profesionales.

1	2	3	4	5

26) Estoy altamente consciente de mi entorno y de lo que me rodea.

1	2	3	4	5

27) Me siento cómodo al tomar riesgos y contribuir con mis ideas más innovadoras, sin miedo de avergonzarme.

1	2	3	4	5

28) Suelo usar metáforas y analogías.

1	2	3	4	5

29) Tengo un buen sistema para generar ideas nuevas para cualquier tipo de desafío que se me presente.

1	2	3	4	5

30) Cuando creo buenas ideas, suelo saber qué hacer para ponerlas en acción.

1	2	3	4	5

Scoring

Paso1: Escribí la respuesta a cada pregunta a la derecha del número correspondiente en el gráfico:

	A		B		C		D		E		F
1		2		3		4		5		6	
7		8		9		10		11		12	
13		14		15		16		17		18	
19		20		21		22		23		24	
25		26		27		28		29		30	
Total		Total		Total		Total		Total		Total	
				Puntaje total							

Paso 2: Total de cada columna. Esto te dará un puntaje para las columnas A, B, C, D, E y F.

Paso 3: Sumá el total de tus puntajes de cada una de las cinco columnas para tener tu puntaje total de creatividad.

Los resultados

Empezando por el puntaje total de la base de la creatividad, miremos qué indican los resultados obtenidos:

130-150: Estás en mejor lugar que la mayoría. Este puntaje te posiciona dentro del diez por ciento de las personas (y organizaciones) más creativas. Estás conectado con tu parte creativa y en una organización que la apoya. Este puntaje también significa que te encontrás bien posicionado para continuar con el crecimiento de tu capacidad creativa y estás en el camino de conseguir tu máximo potencial.

110-129: Definitivamente, no está mal, pero tenés bastante para mejorar. Este puntaje indica que estás haciendo muchas cosas bien, pero que también tenés barreras significativas que se meten en el camino de tu creatividad. Puede ser que te encuentres en una organización que la esté inhibiendo y haciendo que te quedes atrás. Este puntaje debería alertarte sobre el potencial que tenés pero que no estás usando de manera efectiva.

85-109: Desafortunadamente, estás en la misma situación que casi el sesenta por ciento de la población. Es probable que tengas habilidades creativas importantes, pero están siendo restringidas en forma significativa la mayor parte del tiempo, y que te sientas frustrado con la burocracia dentro de alguna organización o tengas muchas creencias que limiten tus ganas de expresar tus habilidades creativas. Debés decirte a vos mismo cosas como: “No soy creativo” o “No puedo compartir ideas porque la gente se va a reír de mí". Los músculos de tu creatividad necesitan que les saques el polvo y los pongas a ejercitar. Las buenas noticias son que vas a ver un crecimiento importante cuando empieces a trabajar en ello.

84 o menos: Estás en la zona peligrosa de la creatividad. Este puntaje debería servirte como un llamado para que te despiertes; debería ser una señal de que algo debe ser cambiado o vas a tener problemas significativos en el futuro. Sos un alma creativa perdida y necesitás reconectarte de inmediato con tu imaginación. Quizá tu trabajo o tus rutinas te estén frenando. Si bien esta información te puede resultar alarmante, no te sientas desalentado.

Tené en cuenta que este puntaje es un indicador de cómo estás hoy situado comparado con tu potencial. Es un reflejo de ese potencial. El puntaje te dice simplemente dónde estás parado y sirve como punto de partida para el camino hacia la creatividad.

Ahora, veamos los otros puntajes. Los puntajes de cada columna, desde la A hasta la F, indican áreas específicas en las que hoy en día tenés debilidades y fortalezas. Cada una de las columnas tiene un punto máximo de 25. Así es como se descompone el puntaje:

22-25: Excelente
19-21: Por sobre el promedio
17-18: Promedio
16 o menos: Por debajo del promedio

El puntaje de cada columna representa un elemento distinto de tu capacidad creativa.

Columna A: Corresponde a características generales sobre tus intenciones hacia la creatividad.

Columna B: Indica cómo estás en términos de curiosidad y atención.

Columna C: Muestra cuán bien preparás tu entorno y tu mente para dejar fluir tus mejores ideas.

Columna D: Indica tu habilidad para encontrar ideas creativas e inspiración en muchas áreas distintas de la vida. Mezcla de conceptos.

Columna E: Señala cuán apto estás para generar una amplia cantidad de ideas de alta calidad cuando sea necesario.

Columna F: Muestra qué tan preparado estás para elegir las mejores ideas y luego poner la creatividad en acción.

Recordá: estos puntajes te dan un pequeño vistazo de dónde estás hoy y en qué áreas necesitás enfocarte más para crecer.

CAPÍTULO 4

Los sentidos

VISUALIZACIÓN
¿CÓMO SUENA?
ESCUCHO COLORES
HUELO...
SONIDOS
SABOREO
¿QUÉ GUSTO TIENES?
¿CÓMO HUELE?
¿CÓMO SE VE?
¿CÓMO SE SIENTE?
CONECTO
TOCAR
¿CÓMO SE VE?
VER

Percibo que me sentís

Uno de los pilares de la creatividad es la estimulación de los sentidos. No podemos encender y desarrollar nuestra creatividad si primero no estamos abiertos y dispuestos a percibir lo que sea como si fuera la primera vez. Zafar de los estereotipos con una percepción fresca es lo que permite desplegar nuestra más amplia generación de ideas nuevas.

La percepción es el proceso mediante el cual el cerebro experimenta el mundo exterior utilizando nuestros sentidos, responsables de juntar información proveniente del ambiente. Esa información es conocida como estímulos. Usamos la vista, el oído, el tacto, el olfato y el gusto para entender el mundo. Todos los estímulos son aprovechados por el cerebro para formular ideas y opiniones, evaluar situaciones, generar reacciones para luego guardar en la memoria lo que se aprendió.

Aunque por muchos años se pensó como un proceso pasivo, cada vez existe más evidencia científica de que la percepción no registra o graba sino que construye la realidad. Esta construcción depende del observador de esa realidad, la percepción de la persona es en función de sus asunciones. O sea que experimentamos diferentes aspectos de las cosas, cada percepción es un poco diferente.

Pensemos en las cataratas del Iguazú. Algunas personas dirán: "Qué increíble lo que Dios hizo en la Tierra, construyendo esta caída de agua tan impresionante". La percepción de otras sería: "Es la naturaleza la que ha hecho esta cosa magnífica". Un amante del deporte acuático podría decir: "Qué buen desafío sería para mí navegarlas haciendo *rafting*". Una persona que estudió hotelería advertiría: "Qué lugar increíble para poner un hotel o un restaurante". Un amante de la geografía va a pensar en ellas como el lugar ideal para estudiar lo que más le gusta. Un pintor notaría: "Qué lugar tan bello para poder inspirarse y pintar". Un geólogo quizá querría ver las cavernas que hay debajo de las caídas de agua.

Una frase muy famosa de Pablo Picasso surgió durante el encuentro con un desconocido que estaba observando la exhibición de sus cuadros en un museo de París. Este hombre se le acerca y le dice: "¿Por qué usted no pinta a las personas de la manera en que se ven?" Y el pintor le preguntó: "¿Y de qué manera se ven?" En eso el desconocido sacó de su billetera la foto de su esposa y se la mostró. Picasso la miró y dijo: "Es increíblemente pequeña, ¿no es cierto?... y chata". Por cierto, se refería a la foto y no a la mujer. Tenemos que aceptar que lo que parece real para nosotros está influido por nuestras propias percepciones.

Toda información que ingresa en el cerebro a través de los sentidos tiene una fuerte influencia en nuestros pensamientos, en nuestras emociones y en nuestra **personalidad**, por ende, en nuestra creatividad. Existen neuronas especializadas que se encargan de reaccionar frente a diferentes cambios del ambiente o estímulos. La percepción sería la interpretación de lo que el estímulo significa para nosotros. Por ejemplo, si escucho música puedo advertir que el volumen está muy fuerte o que se trata de una de mis canciones favoritas. Increíblemente, el cerebro procesa la gran mayoría de los estímulos recibidos del exterior de manera no consciente. Nuestros cinco sentidos captan unos once millones de bits de información por segundo, la mayor parte es captada por la visión, pero el consciente a lo sumo puede procesar cuarenta bits por segundo.

A medida que el cerebro recolecta información del mundo exterior se acostumbra a patrones de percepción, análogos a los patrones dominantes de pensamiento que ya vimos. Cuando uno ve un perro de una raza particular por primera vez, el cerebro procesa su forma, tamaño, calidad de pelo, timbre de ladrido, olor de su pelaje, color y textura, altura, ancho y muchos otros detalles. En ese momento, el cerebro llega a la conclusión de que está viendo una raza particular de perro. Al encontrarnos con esa raza más seguido, el cerebro va a conectar mucho más rápido, comprendiendo lo que ve casi de inmediato. Es decir, el cerebro va a comenzar a categorizar todas las nuevas imágenes mentales de acuerdo con lo que ha visto y experimentado antes. Esto es lo que el doctor Walter Lippmann llamó "estereotipos", cruciales para la comprensión y supervivencia del día a día. Imagínense lo que sería si en cada momento del día tuviéramos que hacer un constante análisis de toda la masa de información y detalles sensoriales que nos rodean.

Cada persona filtra lo que pasa en el mundo de una manera particular y puede convertir una calle de la ciudad en una sinfonía de luces y sonidos o en un basural nauseabundo. Entonces, el cerebro a menudo simplifica la percepción para poder pasar el día de manera más eficiente. Los estereotipos nos anticipan acciones y reacciones y nos preparan a minimizar o maximizar el placer. El estereotipo del gruñido y ladrido de un perro le dirá al cerebro si se trata de una amenaza o no. Como Lippmann decía: "No vemos primero y definimos después", sino que "definimos primero y después vemos".

Ni la imaginación se salva

Si les pido que imaginen una puesta de sol en Plutón y, luego, que dibujen lo que imaginaron, muy probablemente ese dibujo se va a parecer a un crepúsculo en la Tierra. Quizá cambien algunos colores o algunas estructuras del planeta. Pueden usar la imaginación con libertad para construir lo que quieran pero sin duda van a pensar en algo parecido a lo que ustedes entienden por una puesta de sol. A este fenómeno se lo llama **imaginación** estructurada; es decir, aun si estamos utilizando nuestra imaginación para desarrollar ideas nuevas, éstas van a estar estructuradas fuertemente de forma muy predecible de acuerdo con conceptos, categorías y estereotipos que ya existen en nuestra mente. Esto sucede tanto en artistas como en inventores, escritores, diseñadores, gente de negocios o cualquier persona que esté fantaseando algo.

Necesitamos desestructurar nuestra imaginación para explorar fuera de los límites de los conceptos que ya tenemos incorporados en distintas categorías. Mezclar cubitos de hielo y derretirlos juntos. Hacer esto implica visitar temas y conceptos no relacionados con el desafío, lo que en el primer capítulo llamamos la mezcla de conceptos. A menudo parece perjudicial o lejano al desafío real. Con el tiempo y la práctica, uno va dándose cuenta de que resulta una muy buena y creativa manera de ir resolviendo nuestros desafíos. **Lo ideal es permitirse pensar en lo impensable. Pero nuestra mente es básicamente intolerante con la ambigüedad. Su primera función es reducir la complejidad de sus experiencias.**

Cuando la mente es forzada a enfocar determinado objeto o tema, luego de un período de tiempo se aburre y empieza a explorar alternativas diferentes para percibirlo; por ejemplo, descomponiendo el objeto o tema en distintas partes y después explorando si aparecen algunas interesantes. Si escuchamos una clase, luego de un tiempo perdemos el foco. La atención comienza a fijarse en las partes, por ejemplo, cómo está vestido el disertante, cómo se mueve, con qué mano escribe en el pizarrón. Es común que encontremos en esa descomposición algo que nos interese, su sonrisa o tono de voz. Lo mismo parece suceder en el proceso del pensamiento. Al pensar una idea, no importa si es muy absurda o tonta, la mente empieza a descomponerla en distintas partes buscando las interesantes para poder construir a partir de allí ideas nuevas que se relacionen con su desafío. Como vimos, al principio esto ocurre bajo los umbrales de la conciencia pero luego de un tiempo comienza a penetrar en la conciencia en forma de revelaciones nuevas. Esta imaginación desestructurada nos da la impertinencia de imaginarnos hacer posible lo imposible.

Pensá en algo que creés imposible y después tratá de encontrar ideas para acercarlo a algo posible.

Por ejemplo, imaginate que tu celular tenga vida, que respire como un ser viviente. Enumerá los atributos de los seres vivientes (nacen, se reproducen, crecen, sienten, etcétera). A partir de esos atributos quizá puedas usar algunos para diseñar tu celular de una manera distinta (que sepa cuando te sentís mal, que exprese emociones cuando esté nublado, etcétera).

Forzar tu imaginación para tratar de hacer posible lo imposible con pensamientos y acciones bien concretos es como los sueños funcionando al revés. Mientras que un sueño representa ideas abstractas en imágenes y acciones muy concretas, el proceso creativo trabaja de la forma opuesta: utiliza ideas concretas (por ejemplo, un celular que está vivo) para tratar de obtener revelaciones y de esta manera redescubrir nuevos pensamientos o ideas (como podría ser un celular que muestre emociones).

Preparen, apunten... imaginación

Cuando nuestra mente compara un problema (tu desafío creativo) con algo inusual se establece una especie de necesidad de que esa comparación tenga sentido. Formamos nuevas relaciones y conexiones que pueden llevarnos a tener una idea futurista, distinta, creativa.

Más preguntas que estimulan tu imaginación:

¿Qué pasaría si pudieras comer nueces en el desayuno? ¿Qué pasaría si los genitales estuvieran en la frente? ¿Qué pasaría si cuanto más grande fueras más bello y más inteligente devenieras? ¿Qué pasaría si entre los problemas de distintos países ganara aquel que hiciera reír más a su gente? ¿Qué pasaría si durmiésemos veintitrés horas al día y sólo estuviéramos despiertos una hora? ¿Qué pasaría si los árboles empezaran a producir petróleo en grandes cantidades? ¿Qué pasaría si cambiases de sexo? ¿Qué sucedería si los humanos nunca muriesen? ¿Cómo afectaría esto nuestras personas, nuestros negocios, nuestra religión, etcétera? ¿Qué pasaría si los ojos estuviesen en la nuca? ¿Qué pasaría si cada trabajador adoptase una persona de la calle y la cuidase por el resto de su vida? ¿Qué animal es parecido a mi problema? ¿Por qué? ¿De qué forma mi problema puede ser como una linterna sin pilas? Si mi problema fuese el césped de un jardín, ¿quién sería la maleza? ¿De qué forma una latita de gaseosa casi sin gas y que pasó dos horas al sol podría ser la solución de mi problema?

Podés usar las respuestas para relacionarlas con tu desafío creativo o simplemente usarlas como ejercicio de entrada en calor de tu mente.

Cuando las neuronas son expuestas repetidas veces a un estímulo particular, aprendemos de estas experiencias. Estas últimas comienzan a alojarse en regiones particulares del cerebro desde donde podremos procesarlas automáticamente sin un esfuerzo cognitivo importante. Un niño reconoce la voz de su madre entre otras muchas voces, un músico puede escuchar y discernir entre los diferentes instrumentos de una sinfonía, un perro sabe con rapidez que el ruido de la correa significa que va a pasear. Por el contrario, **las experiencias nuevas agregan conexiones neuronales**, se construyen otros patrones sinápticos y refinan nuestro modo de percibir el mundo. Como si se tratase de entrenar a un músculo, **todo lo que es nueva información y nuevas experiencias mantiene al cerebro en buena forma.**

Si hacés algo por primera vez en tu vida, estás desarrollando tu cerebro, agregando conexiones.

En resumen, la percepción es la función mental que nos permite, a través de los sentidos, recibir, elaborar e interpretar la información proveniente de su entorno.

ALGUNOS EJERCICIOS CLÁSICOS PARA DESARROLLAR AÚN MÁS NUESTRA PERCEPCIÓN

Estimá cosas. Por ejemplo, estimar tiempos: ¿Cuánto tiempo tardarás en llegar de un lugar a otro? ¿Cuánto tiempo tendrás que esperar en la fila del banco o del cine? Estimar tamaños: ¿Cuánto miden las cosas de alto, largo o ancho? ¿Cuántos objetos caben en una bolsa o caja? Estimar volúmenes: ¿Cuánto cabe en un envase o recipiente? ¿Cuánto en una caja? Estimar distancias: ¿Cuán lejos está un lugar de otro? ¿Cuánto falta para llegar a un destino? ¿Cuál es la distancia hasta la esquina o hasta el semáforo? Estimar pesos: ¿Cuánto pesa una fruta o una bolsa llena de limones? ¿Cuánto pesa una bolsa o una caja? Tratá de adivinar cómo va actuar otra persona ante alguna situación determinada y compará luego lo que pensaste que sucedería con lo que ocurrió en realidad.

Tu imaginación y tu creatividad también mejoran cuando el cerebro reacciona a nuevas percepciones, en particular si intentás experimentar el mundo de nuevas formas. Andá a lugares adonde nunca fuiste, donde tus sentidos huelen, escuchan y ven cosas que nunca antes experimentaron. Explorá todo el arte de un museo. Escuchá música compleja y dejá que tu mente interprete sus patrones. Disfrutar de la música estimula muchas secciones del cerebro y presenta oportunidades para crear nuevas conexiones neuronales. Algunas investigaciones del neurólogo Richard Restak sugieren que escuchar a Mozart unos pocos minutos cada día puede impulsar tu conocimiento a través de muchos niveles, desde percepciones simples hasta pensamientos más profundos.

Ojo al piojo

Henri Matisse decía: "Ver es una operación creativa del cerebro que requiere de esfuerzo". Y era todo un adelantado. Hoy se sabe que la experiencia visual no es algo pasivo sino que se desarrolla analizando diferentes flujos de información que incluyen color, movimiento, formas exteriores, etcétera. Cada uno de estos aspectos es procesado de manera separada y simultánea, y luego agrupado para su síntesis en diferentes áreas del cerebro. Lo que vemos es el producto final de una larga y compleja línea de ensamblaje. Este proceso de construcción comienza cuando la información captada por los ojos, la materia prima, es enviada a la parte de atrás del cerebro y desde allí se divide en dos caminos que van a diferentes áreas, donde se procesará el color, el tamaño, la forma, etcétera. Por fin, todos estos elementos se volverán a juntar para convertirse en la imagen "final", la que tiene sentido para nosotros.

Al menos un cuarto del cerebro está involucrado en el proceso de la visión, mucho más que en cualquier otro de los sentidos. Además, el setenta por ciento de todos los receptores de los sentidos del cuerpo está en los ojos. Es decir, básicamente entendemos el mundo

que nos rodea mirándolo. En un experimento muy famoso de la Universidad de Bordeaux, se agregaron colorantes rojos sin sabor ni olor a un vino blanco, y tanto el olfato como el gusto de expertos *sommeliers* fueron engañados por el color del vino que fue descripto por los catadores utilizando un vocabulario apropiado para vinos tintos. Otro experimento muestra el poder de la visión sobre los otros sentidos, mediante tecnología de resonancia magnética nuclear se observa que al mirar un video sin sonido de personas dialogando se encienden áreas del cerebro responsables de la audición, pero si miramos a una persona haciendo muecas esas áreas están en silencio. Claramente, el estímulo visual influye en el auditivo, aunque no haya sonido.

Como mencionamos antes, la visión no ocurre en los ojos sino en el cerebro. Los ojos captan la luz y hacen foco pero el cerebro le da sentido al color, la forma, las expresiones faciales. Por eso podemos recordar escenas con realismo luego de meses o años, podemos "ver" algunas imaginadas o soñar muy nítidamente. Hemos escuchado muchas veces que una imagen vale más que mil palabras, es así porque las imágenes y el texto siguen diferentes reglas dentro del cerebro.

Algunas experiencias muestran que las personas pueden recordar más de dos mil quinientas imágenes con más del noventa por ciento de eficiencia varios días después de haberlas visto, incluso si los participantes ven la foto sólo durante diez segundos. Un año más tarde el recuerdo de esas imágenes es del sesenta y tres por ciento. Comparadas con el texto y las presentaciones orales, las imágenes son supercampeonas del recuerdo. Recordamos apenas el diez por ciento de una presentación oral luego de tres días, el promedio sube al sesenta y cinco por ciento si le agregamos una imagen. Está ampliamente demostrado que el aprendizaje **multisensorial** es mucho más eficiente que cuando usamos uno sólo de nuestros sentidos. Con el texto resulta aun peor que con las presentaciones orales, y eso se debe a que el cerebro ve las palabras del escrito como muchísimas pequeñas imágenes; es decir que en lugar de palabras vemos minúsculas muestras de arte con cientos de formas. Esto significa que para la parte más evolucionada del cerebro, el córtex, las palabras no existen, son imágenes. Probablemente se deba a que nuestra historia evolutiva estuvo dominada por hojas de árboles y leopardos hambrientos y no por letras estilo *times new roman*.

En el momento en que nos paramos en dos piernas, la visión se convirtió en nuestro sentido central. De esta forma podíamos escanear con más eficiencia alrededor de nosotros los predadores, los movimientos, la comida, las fuentes de agua, las oportunidades de reproducirse, etcétera. Si hablamos de evolución, los bebés son los mejores conejillos de Indias para entender más acerca de nosotros. Si atamos una cinta con una campanita en la pierna de un bebé menor de un año, veremos que al principio parecerá que la mueve de manera azarosa, pero pronto aprenderá que al mover esa pierna suena la campana y felizmente empezará a moverla más que la otra. Si cortamos la campana de la cinta y la dejamos a un lado, el bebé seguirá pateando con esa pierna y lo hará cada vez más fuerte y seguido incluso ante la ausencia de sonido. Sin éxito mirará la campana junto a su pierna. Este comportamiento visual del bebé nos dice que está prestando atención al problema. Hoy podemos medir con la tecnología su estado atencional. Esto nos enseña que desde chicos empezamos a aprender las relaciones causa-efecto. Aunque no les enseñemos a mirar ciertas cosas, los bebés ya vienen con algunos *softwares* dedicados al proceso visual precargados en su cerebro. Estos *softwares* prefieren patrones con mucho contraste, ya que nos permiten percibir, por ejemplo, qué objetos que se mueven juntos son parte de lo mismo, las rayas blancas y negras de una cebra. Podemos discriminar desde pequeños las caras humanas de las no humanas, prefiriendo obviamente las primeras. Podemos comprender el tamaño en relación con la distancia. Cuando un objeto se aproxima se hace más grande pero es el mismo objeto. Es decir, nuestra predominancia por un comportamiento fundamentalmente visual comienza de muy chicos. Cuando se les pregunta a personas de setenta años de qué cosas se acuerdan, la mayoría traerá recuerdos de entre sus quince y treinta años de edad. Por esto se cree que el pico de memoria visual ronda en esos años. Es probable que se deba a que se trata de una época muy dinámica de nuestras vidas. Por último, existen muchas experiencias que nos sirven para entender la influencia de nuestra mirada sobre lo que creemos es más bello en las decisiones que tomamos. Por ejemplo, algunos estudios demuestran que aquellos criminales que son más atractivos y más lindos reciben penas más cortas. Bebés más lindos son tratados con más atención en los centros de asistencia. Personas más lindas obtienen mejores trabajos teniendo el mismo currículum.

El neurólogo Richard Restak propone algunas ideas para expandir, a través de la visión, las redes sensoriales del cerebro y desarrollar el poder de la creatividad y la memoria. La más conocida de sus ideas es la del árbol bonsái.

Técnica del bonsái

Poné un árbol bonsái en el suelo y miralo desde arriba, tratando de memorizar la forma y los patrones de cada una de sus ramas. Cerrá los ojos y volvé a "mirarlo" utilizando la memoria. Abrí los ojos y chequeá cuán acertados estaban. Repetí el ejercicio con el bonsái a la altura de tus ojos, pero ahora tratá de hacer zoom y contar el número exacto de ramas. Contá el número exacto de hojas en cada rama. Cerrá los ojos y recreá la imagen en tu mente. Concentrá los pensamientos en imágenes y no en palabras. A medida que mejorás tu habilidad para "ver" los detalles del bonsái, con los ojos abiertos o cerrados, estás fortaleciendo las redes neuronales implicadas en la percepción.

Es momento de que dejes el libro a un lado, cierres los ojos, te recuestes en el piso y dejes volar tu imaginación. Al cerrar los ojos vas a apagar gran parte de tu cerebro que se dedica al estímulo visual, lo cual te permitirá encender y conectar otras regiones. Concentrate en tu respiración, en la imagen de un lugar placentero –yo imagino una montaña con mucha nieve y un sol tibio– o un sonido. Sentirás que los más diversos pensamientos invadirán tu conciencia. No luches contra ellos, dejá que lleguen y se vayan. Podés imaginar una ruta donde los pensamientos vienen y se van. Quizá logres con la práctica –unos tardan dos o tres veces, algunos decenas y otros nunca lo consiguen– que por momentos esa ruta esté vacía. Cuando eso suceda, te aseguro por experiencia personal, y me avalan estudios científicos, que poco a poco empezarás a tener ideas más creativas. La recomendación de expertos indica la práctica de este ejercicio dos veces por día durante veinte minutos cada una. Si te interesan muchos estos temas, te invito a que te informes sobre la meditación trascendental o leas el libro *Atrapa el pez dorado*, de David Lynch.

Verde que te quiero verde

Ciertos estudios muestran que el solo hecho de agregar flores y plantas en la oficina incrementa hasta un quince por ciento las ideas generadas por los empleados. Reemplazarlas con fondos de pantalla de fotos de la naturaleza no produce el mismo efecto que las verdaderas plantas. Los investigadores también descubrieron que los chicos que se divierten en un patio con vegetación se involucran en juegos mucho más creativos que cuando lo hacen en un patio de cemento. La recuperación de pacientes en los hospitales aumenta significativamente cuando pueden ver árboles desde las ventanas de sus habitaciones. Los prisioneros que tienen celdas con ventanas que miran hacia el campo o hacia el bosque reportan menos problemas médicos que otros prisioneros.

Se le pidió a un grupo de personas resolver ciertos anagramas. La mitad de estas personas tenía su nombre escrito en el borde superior derecho de la hoja con tinta roja y la otra mitad, con tinta verde. Les pidieron a los participantes que confirmaran que su nombre estuviese escrito correctamente. De este modo se aseguraban de que verían el color rojo o verde antes de resolver los anagramas. Las personas expuestas al color verde resolvieron treinta por ciento más de los anagramas que aquellas expuestas al color rojo. Esta evidencia sugiere que para ser más creativo es mejor el verde. Los investigadores piensan que el color rojo está asociado comúnmente con la sensación de peligro, de error, las luces de los semáforos, los maestros corrigiendo con lapicera roja, y el verde asociado con lo positivo, la naturaleza. Si no podés ver desde tu oficina o desde tu cuarto mucho verde, cuando la decores inspirate poniendo mucho más verde y menos rojo; lo mismo puede ser con carpetas verdes, sillas verdes, ropa verde, escritorios verdes, etcétera.

Azul también...

La Universidad de British Columbia les pidió a seiscientos participantes resolver una serie de test cognitivos distribuidos en fondos rojos, azules o neutros (blanco y negro). Aquellos que recibieron los test en rojo fueron mucho mejores en responder las tareas que requerían mayor precisión y detalles; probablemente estuvieran más alertas porque el rojo está asociado con el peligro. Las personas con los tests en fondos azules se desempeñaron peor en actividades de memoria corta pero mucho mejor en aquellas donde la imaginación era necesaria. Según los científicos, el azul nos dispara automáticamente asociaciones con el cielo y el océano. Pensamos en horizontes lejanos, luz difusa, playas paradisíacas y días de relax. ¡Ideal para incrementar las ondas alpha del cerebro!

Oiga, señorita

El cerebro también colecta información vital del medio ambiente a través de ruidos y sonidos. El ruido de una gotera, el choque de autos en la esquina o el golpe del granizo sobre el techo nos advierten qué está pasando antes de que lo veamos. Poseemos una especie de localizador de la fuente de sonido que nos permite comprender cuán lejos está y de qué dirección proviene. Las vibraciones, también llamadas ondas, que entran en el oído son convertidas primero en señales eléctricas y de allí se produce un proceso complejo que terminará en el córtex auditivo donde se percibirá la frecuencia, intensidad, calidad y significado del sonido. Las características principales que influyen en nuestra percepción del sonido son la frecuencia (número de vibraciones por segundo) y la amplitud (tamaño de los picos y valles de las ondas sonoras). Si tuviésemos que diferenciar el ruido y la música diríamos que el primero produce ondas sonoras con patrones de frecuencia irregulares y la segunda, con patrones regulares. Cuando el rango sonoro incluye diferentes volúmenes y tonos, distintos grupos de células especializadas vibrarán en resonancia y, de esta manera, dos o más sonidos serán procesados en el córtex auditivo. Esto sucede cuando podemos diferenciar los distintos instrumentos en una sinfonía. Los sonidos nos generan a menudo memorias nostálgicas asociadas con emociones del pasado (como las canciones de la adolescencia). En una fiesta, cuando hay mucha gente hablando y gritando con música de fondo, el cerebro está captando todos los sonidos. Si embargo, uno puede seguir el hilo de una conversación porque el córtex auditivo puede clasificar cuáles son los sonidos significativos y cuáles son sólo ruidos. Otros sonidos vitales para los humanos son el latido del corazón y la respiración de las madres, que calma a los bebés. Los pasajes importantes de nuestra vida los acompañamos muchas veces con música (matrimonio, graduaciones, muertes, etcétera). Además, al cantar las pupilas se dilatan y secretamos endorfinas. Los pacientes en coma responden a la música, y los terminales se relajan con ella. En un aspecto más comercial, el sonido que acompaña un producto o servicio que consumimos puede intensificar su disfrute (abrir una latita de gaseosa, servir el café, el crujido de las papas fritas, las fichas del casino, etcétera).

Los insights *o revelaciones del subconsciente*
son como el celular que suena en un fiesta:
no podés escucharlo con tanto ruido de fondo.

Hay que relajarse para que el córtex y su gran ruido del día a día bajen el volumen y puedas escuchar qué dice tu subconsciente. Seguramente trae buenas noticias para tus desafíos.

Esto huele bien

El olfato es el más viejo de nuestros sentidos y, por ello, el único que viaja directo a la amígdala y al córtex olfatorio, sin pasar por el tálamo como lo hacen la audición, una parte de la vista, el tacto y el gusto. Esto se debe a que, evolutivamente, el olfato era el encargado de decirnos con rapidez si un alimento potencial olía mal y podía ser nocivo para nuestra salud. Hoy todavía podemos hacerlo bastante bien con olores nauseabundos, ciertos químicos, etcétera. Aquí no cuentan los exquisitos quesos franceses.

Casi cualquier animal que no tenga un buen sentido del olfato enfrentará muy probablemente la muerte antes de poder dejar descendencia. En general, las presas huelen bien a sus predadores (olor a asado) pero éstos huelen mal para las presas (olor a león, repelente para los humanos). Los olores también pueden indicar "enfermedad", razón por la cual a veces se utilizan perros para identificar melanomas, epilepsia, baja de azúcar, ataques de corazón; la diabetes huele a azúcar y el sarampión, a plumas. El mejor amigo del hombre posee doscientos veinte millones de células olfatorias y nosotros, cinco millones.

La conexión directa del sistema olfatorio con la

amígdala se debe a que esta última puede influir tanto en el ritmo cardíaco y la presión arterial como en nuestra sensación de calma y bienestar. Es decir, olores que nos crispan o nos alertan y otros que nos seducen y nos invitan. Estos últimos son los relacionados con la aromaterapia.

Además, el sistema olfatorio está conectado directamente con nuestro sistema de emociones y memoria. Si no querés que se olviden de vos, ¡tenés que acudir a su nariz! A pesar de que sólo el uno por ciento del cerebro está involucrado en el olfato, si olemos algo familiar o evocativo, la memoria de la primera vez que sentimos volverá a despertar las emociones vividas entonces. En el mundo del marketing, para evocar memorias poderosas se trata de utilizar olores de la infancia que están guardados muy intensamente y por muchos años. De esta manera se puede asociar una marca o un producto con aromas muy placenteros.

Algunas investigaciones realizadas en el mundo de los negocios arrojan datos divertidos y veraces. Por ejemplo, el olor a limón aumenta las ventas en restaurantes de mariscos, y el olor a pasto o tierra cerca de los lácteos eleva las ventas en los supermercados porque te recuerda de dónde vienen esos productos y te produce la sensación de que son frescos. Cuando se trata de autos de lujo o de negocios de valijas, el olor a cuero se asocia con la recompensa y relajación. En algunos negocios de ropa, el olor a mar o a rosas y violetas mejora las ventas. En el ambiente inmobiliario, el aroma a galletitas recién horneadas seduce a la gente que visita casas para comprar. En los negocios de ropa femenina, el olor a vainilla duplica ventas, y en los de ropa masculina, el olor a miel o rosas hace lo mismo.

Al parecer, el pico para guardar en nuestra memoria los olores placenteros va de los cinco a los diez años, cuando podemos experimentar muchos olores por primera vez. Los recuerdos de nuestra niñez representan tiempos en que éramos libres de responsabilidades y de las típicas ansiedades de los adultos. Por ello, cuando volvemos a liberarlos a través de los olores, muchas veces los idealizamos, incluso si hemos atravesado momentos difíciles en la niñez. Poder revelarlos años más tarde a menudo se siente como un lujo. ¿Acaso el pan horneado o las galletitas de chocolate no nos recuerdan los buenos tiempos en lo de la abuela? Marcel Proust describía cómo el olor a las magdalenas y el té lo transportaba a la casa de su tía en la niñez. "Cuando nada más subsiste del pasado, después de que la gente ha muerto, después de que las cosas se han roto y desparramado, el perfume y el sabor de las cosas permanecen en equilibrio mucho tiempo, como alma, resistiendo tenazmente, en pequeñas y casi impalpables gotas de su esencia, el inmenso edificio de la memoria." En la internacionalmente conocida cadena de cafeterías Starbucks, por ejemplo, no les permiten a sus empleados usar perfumes para que no interfieran con el aroma seductor del café que atrae a potenciales clientes. Una compañía observó que las máquinas expendedoras de chocolate que emitían olor vendían hasta un sesenta por ciento más.

Varios estudios muestran que, en general, las mujeres tienen narices más sensibles que los hombres y les resulta más fácil poner palabras a lo que huelen. El olfato también cumple un rol fundamental acoplado con el sentido del gusto. Mucho del disfrute de una buena comida se debe al olfato, que recibe información química de lo que se está masticando o incluso rompiendo con el cuchillo y tenedor. Esta información es diez mil veces más sensible que el gusto de la comida. Una vida sin olfato se asemeja a la comparación de una película muda en blanco y negro con una color full HD. Un dato curioso: en la nariz tenemos receptores para el dolor y, por ello, algunos olores nos duelen, como el del amoníaco o los pimientos muy picantes.

El neurólogo Richard Restak sugiere a las familias o los amigos explorar juntos diferentes fragancias de forma que éstas impacten positivamente en la memoria emocional. Otro ejercicio aromático similar: sentarse a cenar con amigos y que cada uno traiga su fragancia favorita, pasar las fragancias entre todos los invitados y que cada persona trate de explicar por qué la prefiere y cuáles son los recuerdos asociados con ella.

En la escuela de diseño de Stanford utilizan esencias para despertar recuerdos y generar ideas; también estimulan a sus alumnos a visualizar los problemas en distintos colores e inspirarse con manchas de tinta.

Gusto de vos

¿Te acordás de tu última gripe o resfrío? Seguramente la comida tenía menos sabor cuando estabas enfermo. Esto se debe a que casi tres cuartos de lo que el cerebro percibe como gusto entra por la nariz. El gusto también nos protege de potenciales tóxicos, causando reflejos como el vómito o atorarse con algo que no nos gusta.

Lo primero que "gustamos" es la leche materna, y eso establece el deseo por comidas dulces y tibias. La entrada en el mundo del gusto es genial: calorcito, mimos, caricias y amor. Los receptores de la lengua distinguen cinco sabores diferentes: dulce, amargo, salado, ácido y umami. Este último fue descripto en 1908 por Kikunae Ikeda en Tokio cuando degustaba algas marinas. Sus receptores no están en la lengua sino en la faringe. El bife, el cordero, la salsa de soja o el queso parmesano tienen umami entre sus gustos. Algunas comidas saladas, con grasas, dulces y también los caramelos secretan endorfinas, que elevan el estado de ánimo. Los antojos de carbohidratos son disparados por la necesidad de subir los niveles de serotonina, sedantes. Algunas experiencias muestran que los antojos son genéticos, ya que gemelos idénticos separados al nacer tienen los mismos antojos pero no así los mellizos.

Toco y me quedo

A priori, comparado con la visión o el olfato, el tacto no parece tan importante. Sin embargo, para un bebé es la diferencia entre la vida y la muerte. El contacto humano juega un rol fundamental en el desarrollo. Según James Prescott, experto en desarrollo, la forma más rápida de inducir depresión y enajenamiento en un chico es no tocarlo ni agarrarlo o nunca cargarlo. Prescott sugiere que las sociedades con alta violencia surgen por un insuficiente lazo o unión entre la madre y el hijo a través del tacto. Durante el siglo XIII, el emperador Federico II del Imperio Romano, en busca del lenguaje original de la humanidad, ordenó que un grupo de recién nacidos fuera educado en ausencia de lenguaje; además, las enfermeras que los alimentaban no podían tocarlos. Todos los bebés murieron antes de que pudiesen hablar.

El tacto se desarrolla antes que los demás sentidos, en el útero de la madre. El reflejo de los bebés de mover sus cabezas cuando su mejilla o cara es tocada los ayuda a encontrar el pezón en tiempo de lactancia. Podríamos decir que el tacto está directamente relacionado con los primeros estadíos de inteligencia. Cada sentido tiene un órgano, pero en el tacto el órgano somos nosotros. Es entonces el más necesitado e integral para nuestra supervivencia y evolución. La piel nos separa de todo lo demás, nos da forma, nos protege de invasores, nos enfría o calienta, produce vitamina D, sostiene nuestros fluidos, se repara todo el tiempo y, además, es el órgano más grande. Los receptores del tacto, que captan presión, temperatura, dolor, vibraciones, etcétera, están distribuidos de manera irregular a lo largo de toda la piel. Es decir que cada parte de nuestro cuerpo varía en **sensibilidad** al tacto y estímulo doloroso de acuerdo con la cantidad de receptores y su distribución en la piel. Por ejemplo, labios versus codos. Los dedos y la lengua son mucho más sensibles que la espalda y, por esto, uno obtiene más información al tocar una superficie con el dedo y al dar un beso se genera una multitud de fuegos artificiales neuronales. En promedio, cada centímetro cuadrado de piel tiene alrededor de doscientos receptores de dolor, quince de presión, seis para el frío y uno para el calor. En nuestra supervivencia está clara la necesidad e importancia de captar bien el dolor. Este produce una respuesta inmediata. Muchos de estos receptores se dedican no sólo a descubrir sino también a evitar el dolor. En 1990 se llevó a cabo un estudio de mapeo cerebral con ciegos que leían Braille. Éstos no sólo sentían las letras elevadas activando redes táctiles del cerebro, sino que además se reclutaban neuronas del córtex visual, ayudaban a descifrar las formas de las letras que sobresalían de las páginas.

Es curioso que, aunque seas la persona con más cosquillas del mundo, resulte imposible hacerte cosquillas a vos mismo. Esto es así porque el cerebro controla los movimientos y se anticipa al resultado. Vos sabés dónde vas a poner tus dedos para hacerte cosquillas y sabés cómo se va a sentir. El cerebelo, una parte del cerebro, es el encargado de distinguir tus dedos de los de otro, del que no puede predecir sus acciones, lo que lleva a la sensación de cosquillas.

En situaciones sociales como fiestas o cenas los franceses pueden tocarse entre ellos unas doscientas veces en media hora; los americanos, unas cuatrocientas. No hay experiencias con argentinos pero me animaría a decir que podríamos batir el récord o, más bien, estar detrás de los brasileños. Finalmente, si no se sintiese bien el tacto, no tendríamos relaciones ni hijos. Desapareceríamos como especie. No por nada el sexo es el placer más grande relacionado con el tacto. Un gran diseño de la naturaleza fue hacer de nuestro objetivo como especie nuestro mayor placer.

Es "el ojo de mi mente", le decía Hamlet a Horatio en la famosa obra de Shakespeare. En 2011, científicos de California dirigidos por Antonio Damasio –uno de los hombres que más ha aportado a la comprensión del cerebro– descubrieron que, cuando uno mira un objeto, el cerebro no sólo recuerda cómo luce sino también cómo se siente al tocarlo. Podríamos llamarlo "el tacto de la mente". Las evidencias son tan abrumadoras que al examinar los datos provenientes de la parte del cerebro que procesa el tacto se puede predecir cuál es el objeto que uno está viendo. En el mismo estudio se les pedía a los participantes, conectados a un poderoso resonador magnético nuclear, que imaginaran la diferencia entre acariciar el pelaje tibio de un gatito y una barra fría de metal. Los participantes decían poder "sentir" la diferencia al imaginarlo y, en concomitancia con sus declaraciones, el área del cerebro iluminada cuando esto sucedía era la misma que cuando realmente tocaban algo. El cerebro capta y guarda sensaciones físicas mediante el tacto y luego las puede "re-sentir" con el solo hecho de volver a ver una imagen visual o imaginárselo.

DESAFÍOS PARA DESARROLLAR Y JUGAR EN EL DÍA A DÍA CON NUESTROS CINCO SENTIDOS

Tratá de vestirte o lavarte el pelo y los dientes con los ojos cerrados. Al compartir una cena con alguien, comunicate sólo con la mirada sin hablar. Escuchá música al oler flores. Escuchá la lluvia mientras golpeás con los dedos al ritmo de las gotas que caen. Mirá las nubes mientras hacés moldes con plastilina. Andá al trabajo o la escuela por caminos distintos durante toda una semana. Usá el tenedor con la mano opuesta a la habitual. Hacé las compras en un almacén o una panadería diferente de la conocida.

Técnica: Visualización creativa

Conectar tus sentidos con lo que estás tratando de crear resulta muy poderoso. Tratá de usar tus cinco sentidos para visualizar la solución final de tu desafío creativo. ¿Cómo se ve? ¿Cómo se siente? ¿Cómo suena? ¿Cómo huele? ¿Qué gusto tiene? Cuanto más emocionalmente conectado estés con tu desafío creativo, más chances de llegar a una solución creativa.

Sexto sentido

Veo gente muerta...

En neurociencias la "propiocepción" es a menudo conocida como el sexto sentido. Es la responsable de registrar la posición, el movimiento y la postura del cuerpo en el espacio, devolviéndole información al cerebro. Sin embargo, muchas veces no somos conscientes de ese registro. Por ejemplo, mantener y ajustar el **equilibrio** es un fenómeno no consciente. El sistema somatosensorial con sus propioceptores es el responsable de medir cómo el largo, la tensión y la presión se relacionan con la posición del cuerpo. Esto sucede en nuestros ligamentos, tendones, músculos, articulaciones y piel. Los propioceptores mandan la información al cerebro, y éste puede tomar decisiones, como cambiar la posición o dejar de moverse, e indicárselas a los músculos. Al estar bajo la influencia del alcohol u otras drogas, este sistema se encuentra alterado o defectuoso. Por eso, cuando la policía nos hace parar en un pie, no podemos mantener el equilibrio, tocarnos la nariz con el dedo índice o caminar derecho por una línea recta.

Dejame olerte las axilas

Otros científicos llaman sexto sentido al poder de un órgano (vomeronasal o VNO) dentro de la nariz para detectar ciertas señales químicas enviadas por otros individuos. Estas señales son hormonas conocidas como feromonas. Si bien tanto estas moléculas como el VNO han sido estudiados en muchos animales, desde insectos y ratones hasta monos, todavía existen controversias sobre los vestigios de este órgano en los seres humanos. Las feromonas disparan una gran variedad de cambios hormonales y comportamientos instintivos como querer reproducirse o ser agresivos. Esto ha motivado a ciertos emprendedores para lanzar fragancias que promueven la atracción sexual, ya que dicen contener feromonas con nombres marketineros como Realm, Desire 22 y Pheromone10X (otros les han puesto "copulinas").

La mejor evidencia de que existen las feromonas humanas está dada por los experimentos en la Universidad de Chicago, en los cuales a ciertas jóvenes mujeres se les hace oler algodones con secreciones de las axilas de algunas de sus compañeras y, al poco tiempo, sincronizan sus ciclos menstruales con los de las donantes de su transpiración axilar. Hoy se cree que las feromonas humanas podrían influir nuestro comportamiento en alguna parte del cerebro no consciente. Sin embargo, nuestra parte consciente, a través de los sentidos, la educación y la cultura, ejerce un mayor nivel de control. Es decir, sentir las feromonas de alguien o de alguna fragancia no nos dará irremediablemente ganas de tener relaciones con esa persona o atacarla, como sucede en algunos animales.

Las feromonas se producen en las glándulas apocrinas, que son parte de las glándulas sebáceas que existen en los lugares expuestos de la piel y secretan sustancias para matar microorganismos potencialmente peligrosos. Se activan en la pubertad. Su ubicación preferencial es las axilas, los pezones (ambos sexos), la zona genital, las regiones alrededor de los labios, los párpados y fuera de la oreja. Las primeras cuatro regiones están asociadas con el crecimiento de vellos durante la pubertad, lo que tiene mucho sentido pues se trata del momento del desarrollo en que empezamos a interesarnos por el sexo. Además, estas áreas donde crecen los pelos son muy eficientes para disipar olores por evaporación. Quizás entonces les hemos encontrado una función a las axilas: secretar feromonas. Están a la altura de la nariz y nos lo pasamos moviendo los brazos para que el otro pueda "olernos". Seguro que no somos máquinas, que caemos rendidos ante el olor, pero es probable que nuestro comportamiento esté orientado a un mix de un concierto de feromonas sumado a nuestro intelecto.

¡Te dije que había una explicación biológica!

Finalmente, es vox populi, muchos hablan del sexto sentido de las mujeres. Otros lo conocen como la percepción o intuición femenina. Nada tiene que ver con las feromonas ni con la propiocepción. Esto se debe a que ellas logran percibir, mejor que el sexo opuesto, cuándo lo que alguien dice se contradice con lo que su cuerpo está mostrando. Detectan contradicciones entre las palabras y el lenguaje corporal de manera más eficiente que los hombres. En un experimento en Harvard les mostraron a hombres y mujeres unos cortos de cine sin audición donde transcurrían diferentes situaciones. Sólo el cuarenta y dos por ciento de los hombres pudo descifrar lo que pasaba, comparado con un ochenta y siete por ciento de las mujeres. Estas últimas desarrollan aún más esta habilidad cuando ya son mamás y tienen que comunicarse muy tempranamente con sus hijos antes de que aprendan a hablar. Sin embargo, en el experimento de Harvard, aquellos hombres relacionados con un trabajo comunitario, enfermeros, con ocupaciones artísticas y gays puntuaron igual que las mujeres. Algunos científicos piensan que los niveles elevados de estrógeno en mujeres son en parte responsables de que ellas logren captar detalles en el ambiente y puedan reconocer cuando ocurren cambios en éstos.

Un aspecto fascinante, y en ocasiones peligroso, del lenguaje del cuerpo y de las expresiones de la cara es que rara vez nos damos cuenta de que nuestra postura, nuestros movimientos y gestos pueden expresar una cosa mientras que nuestra voz cuenta otra. Esto es lo que detectan mejor las mujeres, así que, varones, ¡a tener cuidado con lo que dicen! Las mujeres son más sensibles a las expresiones faciales y mejores para discernir el estado de ánimo o humor del otro sólo con mirarlo a los ojos. En varios estudios con chicos de primaria se detectó que en promedio las chicas hacen más contacto visual que sus compañeritos varones. En otro estudio reciente, utilizando la resonancia magnética nuclear, se descubrió que las mujeres tienen entre catorce y dieciséis áreas del cerebro destinadas a evaluar el comportamiento de los demás, versus cuatro a seis en los hombres. Esto explica por qué, desde el punto de vista de las mujeres, los hombres hablamos poco y, para nosotros, las mujeres nunca callan. Además, las mujeres pueden hablar y pensar entre dos y cuatro temas no relacionados al mismo tiempo, cambiando hasta cinco tonalidades su voz cuando quieren destacar algo o cambiar de asunto. Nosotros sólo somos capaces de identificar tres de esos cinco tonos y, por eso, muchas veces nos perdemos en sus conversaciones. ¡No se enojen, chicas!

En promedio, las mujeres utilizan unas quince mil palabras por día mientras que los hombres, unas siete mil. En un estudio de 2003 con estudiantes universitarios se mostró que a las chicas les costaba el doble de tiempo terminar una conversación por *instant messaging* y que además usaban mucho más los emoticones, las representaciones de las emociones mediante signos de puntuación; la más popular obviamente es :-). Según el antropólogo Ray Birdwhistel, pionero de comunicación no verbal, los humanos podemos realizar y reconocer alrededor de doscientas cincuenta mil expresiones faciales. Parece increíble.

Escucho colores

Si les muestro algunos objetos con formas curvas y otros escarpados o dentados y les digo que los nombren con las palabras "kiki" y "bouba", seguro decidirán llamar a los curvos "bouba" y a los dentados, "kiki". Esto es conocido como una leve sinestesia, donde sonidos que suenan redondos se asocian con formas redondas o curvas. La sinestesia es una condición que ocurre cuando los sentidos se mezclan, como si los cables y circuitos se entrecruzaran en el cerebro: personas que dicen ver colores cuando escuchan música (como el pintor Wasilly Kandinsky) o viceversa, y otras combinaciones interesantes. Los datos estiman que una de cada veinte mil personas sufre esta condición; sin embargo, se cree que hay muchísimas más porque muchas de ellas no saben que se trata de una situación particular. En un estudio reciente con mil setecientas personas, una de cada veintitrés tenía cierta cantidad de sinestesia. Algunos expertos relacionan la sinestesia con la creatividad.

CAPÍTULO 5

Atención

Te dije que me prestaras atención

Muchos de nuestros sueños parecen al principio imposibles, luego parecen improbables y al final, cuando ponemos toda nuestra intención, se convierten en inevitables.
CHRISTOPHER REEVE

Para resolver nuestro desafío con creatividad debemos estar ATENTOS a lo que tenemos frente a nosotros y desarrollar la capacidad de focalizar en el objetivo.

Trabajamos en promedio ocho horas por día, cincuenta semanas por año. Chequeamos nuestro e-mail cada cinco minutos, ¡veinticuatro mil veces por año!, sólo para ver si hay algo allí, no para responder, leerlos o hacer algo con ellos. Te lleva unos diez segundos mirar el ícono para ver si recibiste algún correo y luego tratar de refocalizarte en lo que estabas haciendo. Algunos dicen que lleva ¡entre treinta y ciento ochenta segundos! Pasás por año unas 66,6 horas chequeando si te llegó un e-mail, sólo eso.

Preguntate, ¿te cuesta mantener el foco en lo que hacés porque todo el tiempo estás mirando más allá de lo que tenés frente a vos? Escribí una lista de cosas que podrías hacer para mitigar estas distracciones (apagar el celular, no prender la computadora o no abrir tu programa de correo electrónico, imponerte horas para usar el teléfono o la casilla de mensajes, crearte zonas de no molestar, etcétera).

Imaginen el alfabeto en letras mayúsculas. ¿Podrían decirme cuántas de las letras tienen líneas curvas? Presten atención a cómo piensan. Antes de ver si hay líneas curvas o no, cada una de las letras aparece en la mente. Verán que aparece una detrás de la otra, primero la A, después la B, luego la C, etcétera, y no de manera espontánea. Pensamos de modo secuencial, es imposible prestarle atención con eficiencia a todo lo que nos sucede alrededor. Nuestra atención está en general dispersa, no puede ser usada para todo lo que ocurre en nuestro ambiente. Es nuestra **intención** la que va a decidir un criterio, la que va a determinar a cuáles de todas las cosas que suceden a nuestro alrededor, de todas las posibles experiencias a las que podemos prestar atención, vamos realmente a dedicarle tiempo.

Técnica: Fuentes alfabéticas

Escribí del lado izquierdo de una hoja las letras a, b, c, d, hasta la z.
Escribí al lado de cada letra el nombre de una persona famosa que empiece con esa letra. Por ejemplo, a: Alfonsina Storni; b: Boris Becker, etcétera.

Imaginá cómo esos personajes afrontarían tu desafío creativo. Adaptá o asociá.

Este propósito te va a permitir alcanzar tu objetivo. **La intención conduce a que les prestes atención a aquellas cosas que tu cerebro cree que son realmente importantes**, tus objetivos. El criterio que tu intención elija filtrará lo que percibís y así invertirá determinado tiempo y atención en una situación particular. En este lapso la información recibida de esa experiencia cobra sentido y te conduce a que te comportes de cierta manera. Al mirar las nubes y poner intención en encontrar una figura, como puede ser una vaca o un globo, en determinado momento, si te esforzás lo suficiente, vas a hallar esa vaca o ese globo formado por las nubes. Te lo aseguro. Ni las formas de las nubes ni tus ojos cambian. Lo único que cambia es tu intención de encontrarlas, y esta intención hace que tu mente localice lo que busca. Tu conciencia va a organizar esas nubes de varias maneras hasta que tu mente encuentre la vaca o el globo.

Tu intención te marca a qué y dónde debés prestar más atención. Existen muchos estudios que demuestran que cuanto más atención el cerebro presta a determinado estímulo, más elaborada es la información que podemos retener y guardar en nuestra memoria. Es una fija: **cuanto mejor la atención, mejor el apren-**

dizaje. Con la revolución de las presentaciones PowerPoint o similares en todo tipo de eventos, es bueno que sepamos que antes de los primeros veinte minutos la gente, o mejor dicho, la atención de sus cerebros, ya se ha ido. Si mantener el interés de alguien en una clase o seminario fuese un negocio, fracasaríamos en un ochenta por ciento de las oportunidades. No se sabe aún por qué se disipa tan rápido, pero es clave encontrar la manera de retener esa atención de las personas para que el mensaje sea eficiente. Los mensajes o estímulos de cualquier tipo que llaman nuestra atención lo hacen porque están conectados con nuestro interés, nuestra memoria y la comprensión de ese tema.

No sabemos bien aún el porqué, pero está claro que el interés por ciertas cosas se halla íntimamente relacionado con a qué le prestamos atención. El interés llama nuestra atención ya que el cerebro escanea sin cesar los estímulos y, en la medida en que encuentre alguno de interés, fijará un cuidado extra sobre él. Hoy los profesionales del marketing están convencidos de que la atención también puede generar interés. Cuando nos enfrentan a un estímulo nuevo, inusual, impredecible o distintivo están utilizando una herramienta poderosa para llamar nuestra atención y que eso nos interese. En el día a día utilizamos nuestra experiencia previa (memoria) para saber a qué hay que prestarle atención.

Focalizá tu atención

Conocer claramente cuál es tu desafío creativo es fundamental antes de empezar a generar ideas. Tu desafío requiere de tu máxima atención.

Ejercicio para desarrollar la atención

Un día cualquiera de la semana elegí un color al azar. Buscá todo el día ese color en todas las cosas que aparezcan.

Tomate cinco minutos y escribí todo lo que en el lugar donde estés (tren, habitación, oficina, plaza, etcétera) podría ser mejorado. Desde la reja que protege el arenero hasta el diseño de un ventilador de techo.

Tomate cinco minutos e inventá (acordate de escribir siempre) nombres de bebidas sin alcohol que mejoren el desempeño deportivo. Los nombres deben ser sugestivos, aventureros, divertidos, etcétera.

Eventos cargados de emoción

Si bien la biología detrás de la atención consciente está todavía lejos de ser comprendida, hay una fija: **las emociones atraen tu atención.** Cuando vivís o experimentás un evento emocionalmente fuerte, éste será mejor recordado que alguno con emociones más bien neutras. Los eventos cargados de emociones se recuerdan por mucho más tiempo y con más detalles. El primer beso, la muerte de un ser querido, el último día de escuela, algún accidente, una Navidad en familia, etcétera. Existen eventos cargados de emociones individuales y específicos a cada persona y también los conocidos como universales, en los cuales todos experimentamos lo mismo o muy parecido. Estos últimos están en nuestro ADN. Por ejemplo, los relacionados con amenazas o fuentes de energía (comida). No importa dónde vivas ni quién seas, siempre les vas a prestar muchísima atención a estos estímulos: ¿Puedo comerlo? ¿Puede comerme? ¿Puedo reproducirme con él/ella? ¿Querrá reproducirse conmigo? ¿Lo he visto antes? Si nuestros ancestros no se hubiesen acordado eficientemente de las amenazas del ambiente –¿se acuerdan de los leopardos?– y de dónde obtener comida, agua y refugio, no habrían logrado pasar sus genes y sobrevivir. Tal como hemos visto, disponemos en el cerebro de sistemas específicos para buscar oportunidades de reproducción y para percibir las amenazas circundantes. Debido a esto último, a todos los humanos nos llama mucho la atención un robo, un accidente o cualquier circunstancia de estas características.

El cerebro recuerda mejor los componentes emocionales de una experiencia que cualquier otro detalle o aspecto de ésta, lo que se conoce como el sentido antes que los detalles. Palabras organizadas lógicamente en una estructura jerárquica son mucho mejor recordadas (cuarenta por ciento más) que las mismas palabras dispuestas al azar. Si podemos derivar el significado o sentido de una palabra sobre la otra, podremos recordar con más facilidad los detalles. **Sentido antes que los detalles.**

Un mito muy difundido sobre la atención es que ciertas personas, en su mayoría las mujeres, son *multitasking*, es decir que pueden prestar atención a varias cosas al mismo tiempo. Esto es falso porque el cerebro se focaliza naturalmente en un concepto por vez, en secuencia, como experimentaron en el ejercicio de la página 228. Resulta obvio que podemos hacer varias cosas al mismo tiempo, como caminar, leer y escuchar música. No es posible prestar atención a dos o más actividades de manera eficiente sin que alguna de ellas sufra un impacto negativo en comprensión, eficiencia, realización, etcétera. Los estudios muestran que cuando alguien quiere hacer varias cosas al mismo tiempo, prestando atención focalizada a cada una de ellas, muchas veces se autointerrumpen esas tareas. Las interrupciones suceden en general por perderse en aquello que estaban haciendo antes de haber cambiado a hacer otra cosa. Se estima que estas personas tardan el doble de tiempo en hacer esas tareas y cometen el doble de errores en cada una de ellas. Lo mejor que podemos decir sobre estas personas *multitasking* es que tienen buena memoria y por ello son capaces de prestar atención a muchos estímulos, pero uno por vez. Un ejemplo clásico muy estudiado es el de hablar por celular o mandar mensajes de texto mientras se maneja un auto. Hoy sabemos que cada vez que el cerebro pasa de una tarea a otra suceden fracciones de segundos. Una persona que está hablando por celular tarda medio segundo más en apretar el freno ante una situación de emergencia. En ese medio segundo un auto que viaja por la ruta a ciento diez kilómetros por hora hizo quince metros. Más del cincuenta por ciento de los carteles y señales de tránsito observados por conductores atentos no es visto por aquellos que hablan por teléfono.

Cuando te descubras a vos mismo intentando hacer dos cosas a la vez, tranquilizate y tratá de hacer una sola. Cuando necesitás concentrarte, deshacete de todas las distracciones externas que encuentres. Reducí la posibilidad de que haya distracciones internas, aclarando tu mente antes de involucrarte en tu desafío.

Finalmente debemos saber que uno de los errores clásicos de toda comunicación es cuando queremos pasar demasiada información sin dejar tiempo para comprenderla y relacionarla. Nos llenan la garganta y no nos dan tiempo de digerir. Esto muchas veces sucede porque los expertos están tan familiarizados con su tema que se olvidan de que la mayoría de la audiencia es novata. *Expertise* no asegura buena comunicación ni enseñanza. Muchos de los profesores que tuve la suerte de escuchar en Harvard no eran buenos comunicadores. Y no sólo es mi opinión sino que se reflejaba en las encuestas docentes a fin de cada semestre.

En resumen, a los diez, veinte minutos de una charla, un mensaje o una clase, la gran mayoría de la gente ya “se fue”. Es muy eficiente llamar la atención de las personas contando historias o eventos cargados de emociones para recargar de nafta las conexiones neuronales.

Técnica: Historias

Imaginá que te encontrás en un país lejano. Escribí una breve historia sobre cómo es ese lugar. Llenala de emociones. ¿Cómo resolverías allí tu desafío creativo? Releelo y buscá asociaciones y pistas para tu desafío real.

Imaginá que te encontrás en otra época de la historia. Escribí qué harías en ese momento para resolver tu desafío creativo. Releelo y buscá asociaciones y pistas para tu desafío real.

Escribí un cuento de ciencia ficción sobre tu desafío creativo. Releelo y buscá asociaciones y pistas para tu desafío real.

El cerebro procesa el sentido antes que los detalles. Frente a una comunicación ofrece los conceptos más generales antes que cada detalle. Será como un vaso de agua en el desierto para los receptores del mensaje. Nos estimulan a ser *multitasking*, pero el cerebro no lo puede hacer. Si lo intentamos, nos equivocamos más seguido y tardamos más en hacer las cosas. Una buena idea es ofrecerse una “zona de no interrupción” durante el día, y verán que hacen más y mejores cosas. No interrupción significa el celular apagado, no en vibrador. Algunas personas llegan a sacarle la batería para no tentarse.

Ejercicio

Mové una sola línea para que esta falsa aritmética se convierta en verdadera.

IV = III + III

Fácil, ¿no? Hasta un noventa por ciento de pacientes con daño cerebral pueden lograrlo moviendo la primera línea I al lado derecho de V para que se lea: VI = III + III

Aquí un desafío más importante a resolver, moviendo una sola línea.

III = III + III

En este caso, sólo el cuarenta y tres por ciento de las personas normales logra resolverlo. La mayoría mira los números romanos durante unos minutos y se rinde. Pero lo resuelve el ochenta y dos por ciento de pacientes a los que se les dificulta prestar atención. La ecuación es una simple tautología (III = III = III). No estamos acostumbrados a ver los operadores en una ecuación (+, –, =) sino que fijamos la atención en los números romanos. A menudo forzar la atención en el problema no lo soluciona, hay que poder mirarlo desde diferentes perspectivas.

Si uno quiere fortalecer sus músculos va a levantar pesas. En respuesta a lo que uno hace con el medio (las pesas), algunos genes se encenderán y se fabricarán más proteínas que estimularán el crecimiento muscular. Es la interacción con el medio lo que enciende o apaga algunos genes. Si no existiese esa interacción, esto no sucedería.

Algo parecido ocurre con el proceso del pensamiento. Uno debe poner intención para pensar de manera no convencional, produciendo ideas creativas. Esa intención –ver vacas dibujadas en la forma de las nubes– estimulará el encendido de ciertos genes que fabricarán nuevos neurotransmisores. Éstos incrementan el número de conexiones entre las neuronas. Cuantas más conexiones **inusuales** y sutiles, más se favorece la aparición de *insights*. Además, cuanto más seguido (práctica) uno hace esto, más activo se vuelve el cerebro y, por ende, más creativo. **Ponerle intención a las cosas energiza el cerebro, y esto permite producir más ideas nuevas.**

Te recomiendo entonces generarte conciencia de lo que realmente querés, para así poder encender y activar más tu potencial creativo.

Mapa de tus intenciones

Escribí en el centro de una cartulina, un afiche, un corcho o una hoja (tu mapa) la intención real de lo que querés hacer. Empezá a pegar imágenes, artículos, frases y cosas que vas recolectando de revistas o de otras fuentes

relacionadas con tu intención. Simplemente rodeá la idea que tenés como desafío. Estas intenciones van a motivar muchísimo tu cerebro.

Si no hay viento, remá. PROVERBIO LATINO

Insights con intención

Propongo un enigma de esos que necesitan de un *insight* para poder resolverse. Sos un médico especialista en oncología y tenés un paciente con un tumor maligno en su estómago. No se puede operar y, si no se destruye el tumor, el paciente morirá. Existe una máquina con cierto rayo que alcanza el tumor con la suficiente intensidad para destruirlo. Desafortunadamente, los tejidos sanos atravesados para llegar al tumor también son destruidos. Si bajás la intensidad del rayo, los tejidos sanos se salvan pero el tumor no se destruye. Desafío creativo: ¿qué tipo de procedimiento podrías usar para destruir el tumor con los rayos evitando destruir los tejidos sanos?

El noventa y siete por ciento de las personas concluye que el problema es imposible de resolver. Sin embargo, fijate qué te sucede cuando te cuento la siguiente historia de ficción. Un castillo se encuentra ubicado en el medio de un país. Muchos caminos, cual rayos de bicicletas, salen desde el castillo. Un general quiere capturar el castillo con su ejército. Pero además quiere prevenir que las minas en los caminos destruyan a su ejército y los pueblos aledaños. Como resultado, sus soldados no pueden

atacar el castillo utilizando un solo camino. Sin embargo, todos ellos son necesarios para capturar el castillo, ya que un solo grupo no es suficiente. El general divide entonces a su ejército en pequeños grupos y los posiciona a iguales distancias del castillo en los diferentes caminos que convergen a él. Todos los grupos atacan al mismo tiempo y capturan el castillo.

¿Podés ahora resolver el acertijo del tumor de estómago? El setenta por ciento de las personas lo logra luego de escuchar el cuento del castillo. Poder entender cómo se relacionan las dos historias genera un momento de revelación, un *insight*. La respuesta surge de la analogía. El médico podría montar diez máquinas de rayos separadas ajustando su intensidad a un diez por ciento de la necesaria para destruir el tumor. Los diez rayos sumados apuntando al estómago destruyen el tumor pero no dañan el tejido sano. Aquí el elemento clave es la intención de considerar información, conceptos e ideas que en apariencia no vale la pena considerar. En lugar de concentrarnos en los detalles del problema (tumores y rayos), debemos liberar nuestras mentes para buscar analogías y conceptos distantes que nos permitan encontrar una solución. Si estuviste entre ese setenta por ciento de las personas que resuelve el acertijo luego del cuento militar, ¡acabás de vivenciar un *insight*!

Creativos de verdad

A pesar de todas las técnicas útiles para desarrollar y mejorar tu creatividad, podríamos decir que no hay una receta de características perfectas sobre cómo debo ser y comportarme para ser creativo. Sin embargo, existen muchos estudios sobre personas que han cambiado paradigmas gracias a su osada gran creatividad y pueden arrojar resultados interesantes de conocer. Estas son personas que realmente han contribuido a cambiar sus disciplinas o a mejorarlas de manera significativa.

Los humanos tratamos de categorizar todo, nos sentimos más tranquilos si entendemos el porqué de las cosas. Expertos en creatividad llevaron a cabo un estudio con noventa y seis de estas personalidades consideradas muy creativas por sus pares. Entre ellas se encuentran historiadores, compositores, filósofos, críticos, poetas, arquitectos, escritores, biólogos, médicos, químicos, economistas, físicos, astrónomos, psicólogos, científicos sociales, activistas políticos, hombres de negocios, filantropía, inventores, y comparten las siguientes características: son individuos con una gran **energía física**, aunque a menudo estén tranquilos, como quietos. **Trabajan muchísimas ho-**

ras, con mucha concentración, pero tienen la sensación de sentirse frescos y **entusiasmados** por lo que hacen, es decir, no son necesariamente hiperactivos. Están encendidos, murmurando cosas en sus cabezas. Siempre está pasando algo pero, con frecuencia, también descansan y duermen mucho. Tienen esta energía bajo su control, no están dominados por un calendario, reloj o jefe. Si es necesario, y así lo sienten, se focalizan y de inmediato, cuando esto sucede, recargan sus baterías y se ponen a trabajar más. Otra característica paradójica es que logran una **combinación de juego y disciplina**, de responsabilidad e irresponsabilidad, una actitud liviana de juego. Al mismo tiempo son perseverantes y piensan con claridad que necesitan trabajar duro y mucho para lograr que alguna nueva idea o revelación aparezca en su mente para poder sobrepasar los obstáculos que toda persona creativa, inevitablemente, encuentra en su camino. Hay un saber popular que asume que los artistas, como los músicos, escritores, poetas, pintores, tienen una gran fantasía e imaginación mientras que los científicos, los políticos o las personas de negocios son mucho más realistas. Esto puede ser cierto, si se los relaciona con las actividades del día a día de estas disciplinas. No obstante, cuando cualquier persona empieza a trabajar de manera creativa, el artista puede ser tan realista como un físico, y éste puede

tener tanta imaginación como un artista. Otros estudios sobre estas personas hipercreativas indican que tienen la tendencia a ser por momentos muy extrovertidos y luego introvertidos, en ocasiones quieren mostrarse y en otras, sentados, tranquilos, observan la gente pasar. También son remarcadamente humildes y orgullosos al mismo tiempo, y la mayoría de las veces están tan focalizados en proyectos futuros o en los desafíos del presente que todo lo que han logrado hacer en el pasado ya no es tan importante. **Disfrutan mucho más el proceso que los resultados**. Con asiduidad se los piensa rebeldes e independientes, pero es imposible ser diferente del resto sin antes haber estudiado o aprendido la disciplina en la que se está siendo creativo. Es como una mezcla de tradicional y conservador y al mismo tiempo rebelde. Lo tradicional por lo general no lleva al cambio, pero al correr ciertos riesgos se rompe con esta seguridad de la tradición, lo que es necesario para que ocurran estas revelaciones creativas. Fundamentalmente, todas estas personas son **apasionadas por su trabajo**, aman lo que hacen y sin esta pasión pierden interés, y cuando hay poco interés existen menos oportunidades de ser creativo. **La creatividad necesita de intención**. Quizá la calidad más importante de estas personas creativas consista en la habilidad que tienen para disfrutar mucho del proceso de la creación, sólo por el disfrute del proceso y no por lo que están haciendo como resultado o como objetivo. **Disfrutar** es muy importante los que se dedican a la creatividad.

Recordá que, más allá de que compartas o no estas características, actitudes o formas de comportarte frente a diferentes estímulos, vos podés mejorar tu pensamiento creativo con las técnicas de este libro.

En este momento que estás leyendo, detenete y observá tres o cuatro objetos que estén muy cerca de vos. ¿Cómo utilizarías esos objetos o asociaciones de ellos para mejorar este libro?

3P: Cuanto más rápido tu mente focalice qué quiere realmente resolver, más rápido aparece la creatividad.

Escribí las tres grandes prioridades (3P) en tu vida que necesitan creatividad. Cuando estés viajando, escuchando música, leyendo, charlando con un desconocido buscá conexiones con tus 3P. Es como una salida a cazar por algo relevante a tus prioridades. Las 3P no tienen por qué estar relacionadas con urgencia, no son tus sueños o ambiciones, ni tu lista de proyectos. Son bucles conceptuales abiertos por los cuales vos aún seguís buscando una revelación.

Curiosa energía

La creatividad, o ser más creativo en tu vida, no necesariamente te conduce a la fama, la gloria o la fortuna. Gracias a ella tus experiencias del día a día serán más vívidas, más disfrutables, y te sentirás recompensado por realizarlas. Cuando vivimos de manera creativa el aburrimiento tiende a desaparecer. Cada momento contiene la promesa del descubrimiento de algo fresco, nuevo, diferente. Aunque estos descubrimientos quizá no enriquezcan el mundo. Más allá de nuestras vidas personales, vivir de manera más creativa también nos acerca al proceso de la evolución. Como ya vimos desde diferentes ángulos, todas las personas tenemos el potencial en la mente para vivir o llevar adelante una vida más creativa. Sin embargo, los obstáculos cotidianos nos previenen de expresar todo este potencial. Muchos de nosotros estamos cansados porque nos demandan a diario demasiadas cosas. Tenemos bastantes problemas para encender o activar la energía necesaria para la creatividad. Algunos nos distraemos con facilidad y nos cuesta aprender cosas, esto hace que los canales de energía estén protegidos y no puedan ser utilizados. Otro escollo es la pereza o no tener la disciplina para controlar la energía que podemos poner en marcha para ser más creativos. Un último obstáculo consiste en que muchos no sabemos qué hacer con la energía que tenemos.

Para poder utilizar nuestra energía en el proceso creativo necesitamos espacios de atención, en nuestro día o en nuestra semana, que puede invertir en lo nuevo.

En la mayoría de los casos, la atención que usamos en la vida está restringida a todas nuestras necesidades externas. No podemos esperar que una persona que tenga dos trabajos o una madre que trabaje y se ocupe de los niños tenga energía mental suficiente para poder exceder o ser creativa en su disciplina. No obstante, muchas veces los obstáculos son internos. Cuando estamos muy pendientes de protegernos, casi toda nuestra atención está volcada a monitorear cualquier tipo de amenaza hacia nuestro ego. Invertimos excesivamente en prestar atención a objetivos muy propios, muy egoístas. Todos necesitamos cuidarnos y cumplir o tratar de satisfacer nuestras necesidades, pero para muchos el concepto de necesitar está inflado a tal punto que se vuelven obsesivos y están todo el tiempo pendientes de eso. Cuando una persona, ve, piensa o hace algo que sólo está relacionado con su interés propio, no le queda atención o energía para aprender otras cosas y, de esta forma, estar abierto y ser más creativo. Se hace difícil ser muy creativo si se pasa hambre o se sufre frío, porque toda la energía está puesta en cubrir esas necesidades básicas. De la misma manera, es igualmente difícil para una persona rica y famosa ser creativa si se pasa todo el tiempo tratando de tener más plata y fama. Para liberar nuestra energía creativa, necesitamos soltar un poco esta búsqueda permanente de objetivos. Nuestros genes, por un lado, y los memes de la cultura, por el otro, nos han programado a perseguirlos sin cesar. Usemos esta liberación de la energía para explorar el mundo. Para lograr una vida más creativa **hay que usar la atención para cultivar la curiosidad y el interés**, poner atención en las cosas por las cosas mismas. Y esto es lo que hacen los chicos. Su curiosidad es como un rayo láser, permanentemente está apuntando para distintos lugares e invirtiendo interés en cualquier cosa que vea o que esté a su alcance. Las personas adultas muy creativas son muchas veces como niños, su curiosidad permanece fresca. Algunos pueden tener noventa años, pero disfrutan mucho de lo nuevo, de lo extraño, de lo desconocido.

Consejos prácticos para aquellos que no tenemos mucha curiosidad o cultura de interesarnos por cosas nuevas

Tratá de que cada día algo te sorprenda. Puede ser algo que ves, que escuchás, que leés. Por ejemplo, dejar de ver los autos estacionados de la manera típica y mirarlos de otro modo, probar algo nuevo en el restaurante, escuchar real-

mente a un colega en el trabajo, escucharlo de verdad. No asumir que sabemos todo, e incluso si sabemos, tratar de no pensar en eso, como si lo mirásemos por primera vez. Experimentar algo por lo que es y no por lo que pensamos que es.
Tratá de sorprender a una persona, decile algo diferente, algo inesperado, expresale una opinión que nunca te atreviste a decirle, preguntale una cuestión no típica de las tuyas, rompé con la rutina de sus actividades invitándola a algún restaurante, teatro, museo, que nunca hayan visitado.
Escribí cada día qué te sorprendió y cómo sorprendiste a alguien. Luego de unas semanas de llevar esta libreta, leé lo que has hecho, cómo sorprendiste a alguien, etcétera. Vas a encontrar distintos patrones, cosas que te interesan más que otras, quizás hasta alguna disciplina o algo que te interesaría empezar a explorar más en profundidad.
Si algo despierta tu interés, por más pequeño que sea, andá tras eso, exploralo, cualquier cosa que capture tu atención, ya sea una canción, una idea, un restaurante. En general estamos muy ocupados como para explorar lo que nos interesa. Quizá sentimos que no es nuestro, que no nos importa tanto, que no tenemos tiempo; sin embargo, exploralo. El mundo es tu tiempo, el mundo es tu negocio, el mundo es tu trabajo.

Todos los chicos son curiosos, y eso los conduce a tener energía e interés y a poder ser más creativos. Como ya vimos, esto se atrofia en la niñez, en especial al entrar en la escuela. Pero uno puede hacer renacer esta curiosidad poco a poco y convertirse, o mejor dicho, reconvertirse naturalmente a ser más curioso. **La curiosidad te permite tener más oportunidades de ser más creativo.**

Rompé tu rutina

La rutina puede ser muchas veces el enemigo de la creatividad. Programate cambios en un día rutinario de tu vida. Hacé una lista de las cosas que hacés por hábito, siempre de la misma forma. Generalmente, en estas listas vas a encontrar cosas que hacen tu vida un poco más confortable y que casi no tenés que pensar para hacerlas.

Identificá en esa lista qué es lo que hacés simplemente por hábito.

Intentá cambiar un poco cómo lo harías en la semana, en el día, en el mes.

Por ejemplo, andá a trabajar o a la escuela por un camino diferente, modificá las horas que dormís y las que trabajás, cambiá el dial de la radio, leé un diario distinto, hacé amigos nuevos, tomá jugo en lugar de té, probá otro restaurante, alterná la ducha con un baño de inmersión, cambiá de programa en la tele, etcétera.

Recuriosear

La curiosidad es lo más poderoso que tenemos.
JAMES CAMERON

A veces las preguntas son complicadas
y las respuestas simples.
DOCTOR SEUSS

Cada mañana imponete un objetivo bien específico. Algo muy pequeño o gigante, pero que, desde la noche anterior, te haga sentir deseoso de despertarte para ir tras él.

La mayoría de nosotros no siente que nuestras acciones tengan algún sentido. Muchos vivimos en piloto automático. Si uno se lo propone puede descubrir que existe al menos una cosa, cada día, por la que vale la pena despertarse. Puede ser conocer a alguien, comprarle algo a una persona especial, plantar un árbol, limpiar tu escritorio, escribir una carta, probar una ropa nueva, etcétera. Luego de un tiempo de realizar estas actividades, vas a sentir muchísimas más ganas de despertarte a la mañana. Vas a sentir que levantarte a la mañana es un privilegio y no una pesadilla. Experimentá de manera diferente todas aquellas rutinas del día a día, como lavarte los dien-

tes, desayunar, vestirte, bañarte, etcétera. La calidad de la experiencia tiende a mejorar mucho en proporción al esfuerzo que uno invierte en ella. **Cuando uno hace algo y lo hace bien, esto se vuelve mucho más disfrutable.** Empezá a cambiar la forma en que llevás a cabo tus rutinas y empezarás a disfrutarlas otra vez.

Incrementá la complejidad de las cosas que hacés. Cuando repetís la misma actividad todos los días, a menos que descubras nuevos desafíos u oportunidades, vas a empezar a aburrirte. Mejorá, crecé o hacelo cada vez mejor. Cuanta más información y conocimiento tengas sobre tu actividad, más compleja se hará pero también podrás disfrutarla más. Con todo esto vas a despertar tu interés y reaprender a ser curioso. Así vas a liberar tu energía creativa, a la que tenés que proteger con uñas y dientes.

Sé realmente el dueño de tu propio día. Soy consciente de que esto es muy difícil para muchos que trabajamos de ocho a diez horas por día. Me refiero a pequeños cambios. Te van a permitir tener un poco más de esta energía creativa. Levantarte más temprano o más tarde, acostarte diferente, ir hasta la plaza, tomarte otro colectivo, dar una vuelta antes de llegar al trabajo, caminar por calles desconocidas. Yo lo hago y funciona.

Que tus actividades cotidianas se lleven bien con tu propio ritmo del día. ¿Cuándo te sentís mejor, comiendo? ¿O durmiendo? ¿O yendo a trabajar? No tenés que comer necesariamente al mediodía, podés hacerlo un poco más tarde. Se trata de identificar y amigar lo más posible tus patrones ideales de las rutinas del día con tu forma de ser. Sé que la mayoría de nosotros tiene muchas tareas durante el día y que una buena parte son inflexibles a estas cosas. Les aseguro que el tiempo es mucho más flexible de lo que en realidad creemos. Es una cuestión tan simple como probar, darte cuenta de que podés hacer estos pequeños cambios.

Dedicá un tiempo a la reflexión y el relax. Aquellas personas se muestran exitosas y responsables son como un auto de carrera: andan sin parar. Esto los hace ansiosos, incómodos, siempre ocupados con el trabajo y con una gran necesidad de estar todo el tiempo haciendo algo. Esta ocupación constante no es buena para la creatividad. Es importante que tengas tiempo en el día, en la semana, en el año, para bajar un cambio. Que reveas qué cosas estás haciendo, hacia dónde vas. Estos espacios no aparecen mágicamente. No lo decide tu jefe, ni tu esposa o esposo, son decisiones que tenés que tomar vos. No son tiempos de lujo, resultan muy necesarios por tu propio bien, bienestar y confort. En las empresas innovadoras que estudio y visito, los propios dueños o jefes les imponen a sus empleados tener ese tiempo. No sale naturalmente de la gente, ya que "nunca" hay tiempo. Mucho del éxito de estas organizaciones en cuanto a su creatividad e innovación surge de estos momentos de reflexión y relax de sus empleados. Ya aprendimos que es la mejor manera de estimular en el cerebro la aparición de los *insights* creativos.

Ni el estrés constante ni la monotonía permanente son un buen contexto para la creatividad. Deberías alternar un poco entre períodos de estrés –cierto estrés también ayuda al desempeño– y períodos de relajación. Ésta no quiere decir necesariamente no hacer nada, también puede ser relajante hacer algo diferente de tus rutinas o tus tareas cotidianas.

Relax

Algunas técnicas de relajación menos conocidas que cualquiera puede probar si no tenés ganas de estudiar o practicar meditación: cerrá los ojos, respirá profundo muy despacio y contá hacia atrás desde diez hasta uno, imaginá que hay un globo aerostático de color azul en el horizonte, miralo. Poné todas tus preocupaciones dentro del globo. Una vez que esté todo cargado, imaginá que el globo es liberado desde la tierra, soltá las amarras y observalo flotar muy despacio, lo más lejos posible de tu posición. No tenés nada que hacer salvo mirar ese globo que se va con tus preocupaciones mentales a la distancia.

En 2009, Clayton Christensen, profesor de la Harvard Business School, publicó un estudio que realizó durante seis años con tres mil ejecutivos y quinientos emprendedores innovadores. Las dos conclusiones más importantes:

1) Cinco habilidades separan a los más creativos del resto. **Asocian más y mejor** conceptos que al parecer no tienen relación alguna (mezcla de conceptos). **Se preguntan todo**, llegando al corazón de la creatividad (véase la próxima técnica). **Alto nivel de concentración y atención** (intención y atención) para observar qué sucede en el mundo e imaginarse cómo podría ser distinto. **Experimentan sin miedo** al fracaso, entreteniéndose hasta encontrar la mejor solución (disfrute). Encuentran personas diferentes a ellos, que desafían sus ideas y expanden sus panoramas (perspectivas).
2) Cerca del ochenta por ciento de tu creatividad puede ser aprendida y adquirida. Al incorporar técnicas para desarrollar tu creatividad (como las de este libro) en tu rutina diaria, podés incrementar tu capacidad creativa entre un veinte y un cincuenta por ciento.

TÉCNICA: PREGUNTAS

La mayoría de nosotros fue educado para evitar desafiar a la autoridad, en especial en el trabajo, la escuela o la familia. Por ello, muchas veces no nos hacemos las preguntas adecuadas. Para promover un pensamiento fresco y curioso, debés preguntarte constantemente y hacerlo parte de tu rutina.

¿Por qué? Te ayuda a entender el estado actual de las cosas, desafiar el statu quo, desafiar el conocimiento convencional.

¿Por qué siempre hay una cola larga para entrar en el cine? ¿Por qué la gente espera a que llueva para comprar un paraguas? ¿Por qué es normal trabajar cuarenta horas semanales? ¿Por qué nuestro competidor nos gana con su nuevo producto? ¿Por qué mi programa de TV favorito no lo dan más?

¿Qué sucedería si...? Te ayuda a explorar posibilidades nuevas. Imaginar cómo sería el mundo si vos hacés algún cambio o desarrollás una idea nueva.

¿Qué sucedería si cobramos nuestro producto como una suscripción en lugar de por unidad? ¿Qué sucedería si la Bolsa de Valores subiese un quince por ciento este año? ¿Qué sucedería si la presencia policial se duplicase en la ciudad? ¿Qué sucedería si eliminamos las reuniones en la empresa? ¿Qué sucedería si se reduce a quince años la edad legal para tomar alcohol?

¿Por qué no? Te ayuda a entender las restricciones y

a conectar con los factores limitantes que están bloqueando un cambio positivo.

¿Por qué no hay tantos hombres enfermeros? ¿Por qué los empleados de nuestra empresa no comparten ideas controversiales? ¿Por qué no ofrecer a nuestros clientes el lavado gratuito del auto cuando lo compran en nuestra concesionaria?

Los cinco por qué te permiten llegar a la raíz del problema

1) ¿Por qué nuestros clientes prefieren las papas fritas de la competencia en lugar de las nuestras? Porque tienen mejor sabor.
2) ¿Por qué tienen mejor sabor? Porque usan mejores condimentos que nosotros.
3) ¿Por qué usan mejores condimentos que nosotros? Porque su chef es mejor que el de nosotros.
4) ¿Por qué no tenemos un mejor chef? Porque nunca nos pareció importante reclutar uno nuevo y todavía tenemos al mismo mediocre que hace veinte años.
5) ¿Por qué nunca reclutamos uno nuevo? Porque nadie se animó a plantear esta situación delante del dueño.

El reporte del asombro

Escribí una lista con preguntas sobre todo lo que te asombra relacionado con tu desafío creativo. Leelo y releelo, seguro encontrarás pistas que enciendan tu creatividad.

TÉCNICA: LAS VEINTE PREGUNTAS

Una vez identificado tu desafío creativo, escribí diez minutos sin parar durante treinta días todas las preguntas que se te ocurran sobre ese desafío. A lo largo de los días las preguntas van a ir cambiando radicalmente y te van a dar una comprensión más intensa del tema, ayudándote a focalizar.

¿POR QUÉ? ¿QUIÉN? ¿QUÉ? ¿CUÁNDO? ¿DÓNDE?

Pensá en tu desafío creativo.
¿Podés contestar de manera concreta y eficaz estas cinco preguntas?
Si estás por comenzar a ejecutar tu solución, empezá preguntándote cómo.

Mejorar tu capacidad de atención

Entrenar tu foco, tu atención y tu estado de conciencia es clave para aprender mejor y estimular la aparición de *insights*, por ende, potencia tu creatividad. Existe una variedad de técnicas que generan cambios fisiológicos y psicológicos en tu cuerpo y mente. Muchas de estas técnicas derivan de ideologías y filosofías milenarias. Cada uno de estos diferentes enfoques se apoya en una práctica diaria relativamente sencilla. Estos ejercicios se pueden basar en focalizar tu atención en algo interno, como tu respiración o los latidos del corazón, o externo, como sonidos, música, un objeto. También hay ejercicios que integran ambas cosas. En mi experiencia personal puedo asegurar que al principio conlleva un esfuerzo importante entrenar la mente para mejorar su capacidad atencional. Con la práctica, como casi todo lo que queremos aprender, el esfuerzo se va desvaneciendo y comenzás automáticamente a concentrarte en los ejercicios. Los resultados son impresionantes si te imponés la disciplina de hacerlos a diario. Obviamente hay que seguir las recomendaciones de las personas a cargo de tu entrenamiento.

Uno de los métodos más occidentales es el "entrenamiento atencional activo". Muchos de nosotros entrenamos nuestra atención sin darnos cuenta de que lo estamos haciendo. Esto sucede sobre todo cuando nos involucramos en deportes, actividades en la naturaleza o hobbies. Las dos expresiones de este enfoque se encuentran en actividades que son traccionadas por: i) La novedad, la velocidad y un intenso estado de concentración impuesto pero sin esfuerzo. Por ejemplo, si estás corriendo en la montaña necesitás estar muy atento al camino, cambiar de velocidad constantemente, no sabés bien que esperar detrás del árbol o una roca y ii) La repetición deliberada en un ambiente confortable, donde bajás la guardia y no necesitás estar vigilante para cambiar con rapidez la circunstancia en la que te encontrás. Estás como fluyendo. Correr en la ruta o en un camino recto sería un ejemplo de esta última. En ambos casos, un buen entrenamiento físico te asegura, además, un entrenamiento mental de tu atención. Con el tiempo, estos cambios psicofisiológicos van más allá de tu estado de salud y alcanzan un **bienestar** mental estimulando tu creatividad. A aquellos que practicamos deportes se nos ocurren muchas ideas durante los entrenamientos.

También podemos entrenar nuestra atención sin movernos. Esto es conocido como "entrenamiento atencional ambiente" o *mindfulness* en inglés. Esta última palabra deriva del budismo y hoy se la utiliza para denominar muchas cosas diferentes. Para el propósito de tu entrenamiento mental y lo que pretendo de este libro, voy a utilizar sólo lo práctico y no lo dogmático de este concepto. *Mindfulness* no es la búsqueda de cambio sino todo lo contrario, es ser quien sos, teniendo lo que tenés, donde estás en este preciso momento y en cada momento. En lugar de focalizar y excluir, se trata de quedarse tranquilo con una pequeñísima atención sobre tu respiración y poco a poco ir abriendo tus sentidos a todo lo que está pasando a tu alrededor. El desafío de esta práctica es poder dejar partir, a medida que van llegando a tu mente, toda nueva sensación y pensamientos y permitirte volver a tu respiración y el momento. Tu tendencia probablemente sea enojarte al no poder controlar tu atención, eso es lo que me pasa a mí cuando se me aparece la milanesa con papas fritas que comí la noche anterior. Sin embargo, empezás pronto a darte cuenta de que está bien e incluso es de esperar que tu mente esté errando por alguna parte. Dejás de verlo como algo bueno o malo y sólo lo convertís en algo. Es sencillamente como la mente funciona. No lo pelees, abrite a eso, reconocelo y volvé a tu respiración.

Finalmente quiero recomendarte la meditación trascendental. Fue Maharishi Mahesh Yogi quien introdujo esta técnica hace más de cincuenta años. Hoy se cree que es practicada a diario por más de cinco millones de personas. Es una adaptación de la meditación con mantras (sonidos) que proviene de las tradiciones y enseñanzas védicas. En la meditación trascendental vos tenés tu propio mantra, te lo da tu instructor, y la repetición y el foco interno en ese mantra te proporciona un estado de calma. En 1979, un estudio llevado a cabo por Ellis Paul Torrence, un experto en creatividad, demostró que aquellos que practicaban meditación trascendental eran más creativos en diferentes tareas que los grupos control (o sea, los que no la practicaban). Además existen serias evidencias de que la práctica mejora tu estado de ánimo y tu habilidad para enfrentar el miedo y la incertidumbre.

Ambos enfoques, los de entrenamiento atencional o de meditación trascendental, tienen detrás miles de publicaciones científicas que avalan su práctica. Si bien yo estoy abierto a todo, soy más bien un escéptico con respecto a la espiritualidad. Las prácticas deben funcionar en mi propia vida para poder creer en ellas y recomendarlas.

CAPÍTULO 6

Emociones

¡Ay, qué emoción!

Nuestra experiencia emocional está asociada con una red del cerebro conocida como sistema límbico. Éste detecta las relaciones emocionales con tus pensamientos, los objetos, las personas y los eventos. Te dice cómo te sentís a cada instante con respecto al mundo, determinando y guiando tu comportamiento, a menudo de manera inconsciente. Sin un sistema límbico completo, el cerebro sería poco funcional. Podrías despertarte y levantarte de la cama pero, probablemente, una vez allí parado, te congelarías. A cada momento del día sucede una cantidad infinita de elecciones. Sin embargo, no tenemos tiempo o energía suficiente para procesar con lógica todas las acciones posibles. ¿Debería desayunar? ¿Debería comer algo en el desayuno? ¿Debería comer? ¿Debería dormir más?, etcétera. Todas estas pequeñas decisiones diarias involucran mucho más que un proceso racional.

Los prestigiosos científicos Evian Gordon y Lea Williams han creado un modelo, al que llaman *integrate*, que asegura que todo lo que hacemos en nuestra vida está basado en la determinación del cerebro para minimizar el peligro o maximizar la recompensa.

Éste es el **principio de organización del cerebro.** El sistema límbico censa todos los datos que entran y nos orienta sobre a cuáles de estos estímulos debemos prestarles atención y de qué manera. La curiosidad, la felicidad, la alegría son emociones del tipo "acercate a esos estímulos", mientras que la ansiedad, la tristeza y el miedo son del tipo "alejate de esos estímulos". Alejate de lo que te genera ansiedad y acercate a aquello que te hace feliz. Aquellos estímulos de los que tendemos a alejarnos son conocidos como amenazas primarias: el hambre, un tigre, una cara enojada, mucho calor. Aquellos que nos ayudan a sobrevivir son las **recompensas** primarias: la comida, la plata, el sexo y también el solo hecho de ver una cara familiar. En otras palabras, lo que hace es censar permanentemente estímulos, catalogarlos –como alejate o acercate– y, de acuerdo con eso, determinar cómo comportarnos.

En general, estas decisiones son automáticas. Se toman medio segundo antes de que vos seas consciente de la acción que ya decidiste realizar. Este sistema se dispara con más intensidad al percibir un peligro que al sentir una recompensa. Además, la activación por un peligro es mucho más rápida, duradera y difícil de apagar que la provocada por una recompensa. "Tristeza no tiene fin; felicidad, sí."

Si estás presentando tu idea a alguien, y te dice en algún momento "sí, pero...", tenés que automáticamente convertir eso en "sí, y...".

Cuando alguien te dice "no va a funcionar", tenés que pensar con rapidez tres formas de cómo va a funcionar.

Si alguien te dice "no se puede hacer", pensá tres formas de cómo lo vas a hacer.

Si bien el sistema límbico se activa en todas las personas frente a diferentes situaciones, cada uno de nosotros tiene "botones únicos de activación", que quedan registrados mediante experiencias personales guardadas y etiquetadas como peligrosas. Cuando el patrón original que produjo uno de estos botones o algo muy parecido reaparece en tu vida, la respuesta al peligro también surge. Esta nueva respuesta es proporcional al grado de peligro con el cual había sido etiquetada la situación original. "El que se quemó con leche ve una vaca y llora."

Si nuestro sistema límbico está sobreactivado, ya sea por peligros reales, imaginarios o por grandes recompensas, el cerebro empieza a funcionar mal. Esta falla en el funcionamiento ocurre muchas veces sin que estemos conscientes de ella. Hasta puede generarnos una falsa confianza; por ejemplo, al experimentar algo que te causa miedo, se incrementa la adrenalina y esto puede hacerte sentir muy focalizado, lo que a su vez te genera más confianza en las decisiones. Pero, en realidad, tu habilidad para tomar decisiones está reducida. La sobreactivación del límbico también reduce todos los recursos disponibles para el funcionamiento del córtex prefrontal. Hay menos glucosa y menos oxígeno para comprender, decidir, memorizar, recordar e inhibir pensamientos, cinco de las funciones primordiales del córtex prefrontal en el día a día. Algunos estudios ya demuestran que el desempeño del córtex prefrontal es castigado por el solo hecho de ver caras enojadas en lugar de sonrientes al final de alguna frase en un email. Esto nos indica lo relativamente fácil que es sobrecargar el sistema límbico de manera que se reduzca el desempeño del córtex prefrontal. Además, se limita nuestra habilidad de vivir y entender lo que sucede en el tiempo presente; tendemos a responder mucho más a las cosas negativas, tomar menos riesgos, mirar el lado negativo de las cosas e incrementar las chances de establecer relaciones entre cosas donde en realidad no las hay. Te agarra la persecuta.

Técnica de Walt Disney

¿Qué hacía Walt Disney? Frente a un desafío creativo cambiaba de perspectiva tres veces, jugando a representar tres roles distintos y a relacionar la perspectiva de esos roles con su desafío.

Día 1. Perspectiva del soñador: Dejá volar tu imaginación sin preocuparte por cómo implementar los conceptos que surjan.
Día 2. Perspectiva del realista: Traé tus fantasías a la Tierra y tratá de ver cómo podría llevarse a la práctica eso que tu imaginación creó.
Día 3. Perspectiva del crítico: Preguntate y buscá los puntos débiles de tu idea.
Ejemplo:
Soy el manager de un grupo, y mi desafío creativo es "Quiero que los empleados vengan más seguido a mi oficina para ver cómo se sienten y cómo están trabajando".
Día 1. Perspectiva del soñador: Que haya sillas flotantes para que los empleados se puedan sentar en los pasillos de la empresa, y que esas sillas vengan automáticamente hasta mi oficina.
Día 2. Perspectiva del realista: Las sillas flotantes hoy por hoy son imposibles, pero quizá podría tener sillas más cómodas en mi oficina para que vengan más seguido.
Día 3. Perspectiva del crítico: ¿Cuánto van a costar esas sillas? ¿Y si después todos los empleados quieren tener esas sillas en su escritorio? ¿Y si se relajan tanto que no me prestan atención?, etcétera.

Regulá

Un error clásico que muchos cometemos consiste en pensar que el intento de no sentir algo es la mejor estrategia para tranquilizarnos cuando estamos bajo presión. James Gross, profesor en la Universidad de Stanford y uno de los expertos en regulación emocional, explica que hay tres elecciones para evitar que una emoción nos sobrecargue:

1) **Selección de la situación:** si no sos bueno para venderle el proyecto a tu jefe o a un cliente, elegí no hacerlo.
2) **Modificación de la situación:** si no te queda otra que venderle el proyecto a tu jefe, modificá la situación en algún grado (por ejemplo, preparate mejor).
3) **Desvío de la tensión:** si ya estás presentándole la idea a tu jefe, tratá de desviar la ansiedad, la tensión y los nervios hacia otro lado. Te vas a poner nervioso, no lo podrás evitar, pero ya lo sabés, entonces te va a afectar menos por el solo hecho de tenerlo concientizado.

Estas tres opciones funcionan bien, pero sólo antes de que aparezcan las emociones. ¿Qué sucede si ya te invadieron? Hay dos opciones: 1) **Expresar tus emociones**: si estás triste, llorá como hacen los chicos; obviamente, esto no podrás hacerlo en ciertos contextos sociales. 2) **Cambio cognitivo**: aunque ya estés en medio de una mala situación emocional, todavía podés repensarla de manera distinta, podés "**etiquetar**" la emoción o "**reformularla**", lo que implica cambiar la interpretación de lo que está pasando.

El doctor Gross encontró que la gente que intentaba suprimir la experiencia emocional negativa fracasaba. El intento de "no sentir" algo, además de difícil, puede ser contraproducente. Si estás tratando de suprimir una emoción frente a alguien, a la otra persona le subirá la presión sanguínea. El observador espera ver una emoción, pero no obtiene nada. Es decir, suprimir una emoción hace que, literalmente, la persona a tu lado se sienta incómoda.

Etiquetar la emoción. El profesor Matthew Lieberman detectó mediante resonancia magnética que los participantes bajaban mucho su actividad en la amígdala al utilizar una palabra para describir o etiquetar la emoción. Estaban menos sobrecargados emocionalmente. Al etiquetar lo que estás sintiendo se activa una región del cerebro responsable de inhibir o frenar pensamientos; te maquinás menos, entonces se sobrecarga menos. Esto demuestra que la gente se equivoca al predecir que hablar de sus emociones va a empeorar la situación. Describir la emoción en una o dos palabras ayuda a reducirla. Esta práctica, primero consciente e intencional, con el tiempo se hace regular y casi automática. El cerebro empieza a **recablearse** para lidiar cada vez mejor con sus emociones.

Reformular una emoción. Existen cuatro técnicas diferentes según la situación. 1) *Reinterpretar* un suceso o evento. Durante la reinterpretación uno decide que ese evento amenazador ya no lo es. 2) *Normalizar*, describir de manera consciente las diferentes emociones que vas a atravesar durante algún cambio en tu vida para reducir así su amenaza. Entrar en un laburo nuevo me dará primero miedo, luego incertidumbre, después nostalgia, etcétera. 3) *Reordenar la información*, cambiar el posicionamiento de las jerarquías establecidas en tu mente. Si para vos el laburo es lo más alto en esa jerarquía y de pronto tenés un hijo, es probable que ahora tu hijo pase a ocupar el primer lugar. De esta manera, las emociones negativas del laburo pasan a sobrecargarte menos. 4) *Reposicionarse*, esto implica ponerse en el lugar de otros para volver a mirar desde otra perspectiva lo que sucede. En general tenemos ideas fijas sobre lo que pasa y nos pasa, por lo cual el reposicionamiento es la técnica más difícil porque supone poder romper con esas fijaciones sobre diferentes situaciones.

Sin duda, cualquiera de estas técnicas de reformulación de emociones es muy poderosa para lograr gestionar lo que sentís y evitar la sobrecarga de tu sistema límbico. Muchos estudios muestran que la gente que utiliza la reformulación vive su vida con mayor bienestar. A reformular se ha dicho.

Emoción vs. sentimiento

Si nos detenemos a pensar un instante, concluiremos que ningún aspecto de nuestra vida mental es más importante que las emociones para la calidad y el sentido de nuestra existencia. Las emociones hacen que la vida valga la pena y a veces también, por desgracia, que llegue a su fin. Por ello son muchas las disciplinas que se interesan en estos fenómenos, desde la filosofía hasta la neurología, la psicología, la biología evolutiva e incluso la economía.

Desde la época de los antiguos griegos, los humanos tenemos la tendencia a separar la razón de la pasión, el pensamiento del sentimiento, lo cognitivo de la emoción. Platón decía que las pasiones, los deseos y los miedos hacen imposible que nosotros podamos pensar. Incluso nuestros sistemas legales tratan diferente los crímenes pasionales que otro tipo de crímenes, como los premeditados. La emoción es, probablemente entonces, el fenómeno humano más personal y a veces idiosincrático. Expresa lo que el mundo significa para nosotros de manera bien individual y determina en ocasiones un bienestar subjetivo.

Las emociones parecen sentimientos conscientes pero, en realidad, son respuestas fisiológicas a distintos estímulos. Como vimos, fueron diseñadas para alejarnos lo más posible de circunstancias de miedo o acercarnos a situaciones que pueden traernos alguna recompensa o satisfacción. Las emociones se generan de continuo, y la mayor parte del tiempo no nos damos cuenta de ellas. En el cerebro existe una suerte de tránsito de ida y vuelta entre el límbico y el córtex, es decir que la razón y la emoción tratan de conversar de alguna forma. Gracias a estas conexiones, podemos sentir de manera consciente muchas de las emociones. Pero también, al ser de ida y vuelta, nuestros pensamientos conscientes pueden afectar, y afectan, nuestras emociones. Cuando decimos que "nos estamos haciendo la cabeza", manifestamos que con nuestros pensamientos engrosamos, llamémoslo artificialmente, lo que sentimos. Llevada al extremo, esta situación puede generar, por caso, ataques de pánico. Cada emoción es producida por una *network* diferente en distintas partes del cerebro, incluso el hipotálamo y la glándula pituitaria. Estos últimos controlan la producción de hormonas, las cuales producen reacciones físicas como, por ejemplo, el incremento en los latidos del corazón o las contracciones musculares.

Este sistema límbico que genera el comportamiento emocional está en mayor grado conservado en muchas y muy diferentes especies a lo largo de la historia evolutiva. Todas ellas, incluida la nuestra, deben satisfacer ciertas condiciones para poder sobrevivir en el mundo. Lograr este imperativo biológico significa poder pasar nuestros genes a través de las diferentes generaciones. Como mínimo necesitamos obtener comida, protegernos del clima y el medio ambiente y procrear. Esto es así para los insectos, los gusanos, los peces, las ratas, las ranas, la gente. Todos estos animales o especies tienen sistemas neuronales que se dedican a tratar de cumplir con estos objetivos. Y aquellos que tenemos columna vertebral –peces, anfibios, reptiles, aves y mamíferos– contamos con sistemas neuronales dedicados al comportamiento emocional.

Como vimos, las respuestas emocionales son, en general, no conscientes. Freud tenía razón cuando decía que la conciencia era sólo la puntita del iceberg mental. Pensamos las emociones como una experiencia consciente. Sin embargo, cuando nos ponemos a estudiar en efecto las emociones en el cerebro, vemos que estas experiencias emocionales conscientes son sólo una parte, pero no necesariamente la función central, del sistema que las genera. Por ejemplo, desde el punto de vista de una persona que ama, lo único importante sobre el amor es ese sentimiento. Pero desde el punto de vista de tratar de comprender qué es ese sentimiento, por qué ocurre, de dónde viene y por qué algunas personas lo reciben y pueden darlo más que otras, el amor, como sentimiento, quizá no sea central o muy importante para el sistema emocional del cerebro.

En resumen, a las emociones podemos encontrarlas obvias, cuando las sentimos, pero al mismo tiempo misteriosas. Se trata quizá de los estados de nuestro cerebro que mejor entendemos y conocemos. Sin embargo, a menudo las sentimos y no entendemos por qué están ahí, de dónde vienen. Pueden aparecer despacio o de repente, pueden ser en extremo evidentes u opacas. No podemos entender por qué nos despertamos de mal humor con frecuencia a la mañana. Si bien las emociones están en el centro de quienes somos, muchas veces parecen tener su propia agenda; nos llevan, nos traen y nos hacen sentir cosas, sin entender bien el motivo. Sin duda, resulta difícil imaginar una vida sin emociones. Vivimos para ellas y tratamos de estructurar las circunstancias de nuestras vidas para tener momentos de alegría y de felicidad y, por supuesto, evitar estar angustiados, tristes, desilusionados o doloridos.

Técnica: Los extremos opuestos

Pensá y escribí tu desafío creativo.

Escribí qué pasaría si tuvieses todos los recursos del mundo: dinero, tiempo, gente, máquinas, lo que sea.

Anotá qué pasaría si no tuvieses ningún recurso, y escribí qué harías en este caso.

Tratá de combinarlos para ver qué surge.
Ejemplo:
Desafío creativo: llegar más rápido al trabajo.
Todos los recursos: voy en helicóptero y aterrizo en el techo de mi oficina.
Ningún recurso: voy caminando, no tengo plata, para eso debo salir dos horas antes de mi horario de entrada.
Combinación: ....

Los científicos no se ponen de acuerdo con una definición universal sobre las emociones. Éstas pueden ser definidas y caracterizadas en una variedad de formas, exclusivas o no exclusivas. Una manera sencilla de describir las emociones es considerarlas estados del cuerpo que surgen a partir de recompensas y castigos. Las recompensas, sin duda, tienen una connotación positiva y representan todas esas cosas que las personas, y a veces los animales, intentan obtener cada vez más y se esfuerzan por ellas. En cambio, los castigos representan algo que vale la pena evitar. Sólo cuando la gente es consciente de sus emociones, experimenta lo que llamamos sentimientos. Este reconocimiento de las emociones de cada uno es un aspecto importante de nuestra conciencia. Algunos científicos dicen que ellas son simplemente respuestas que han evolucionado como parte de la dificultad de sobrevivir en este mundo. Varios describen las emociones como estados mentales que resultan de nuestra capacidad para censar lo que pasa afuera, en el ambiente. Otros piensan que son construcciones sociales. En definitiva, todos creemos saber de qué hablamos cuando se trata de emociones, pero no parece fácil definirlas. Una idea muy popular de clasificar a las emociones es mediante un concepto bipolar, de valencia (positiva o negativa) y excitación (placentera o no placentera), que depende de la intensidad de la emoción. En estos días modernos, las personas experimentan la mayoría de sus emociones (culpa, vergüenza, gratitud, celos) dentro de un contexto social. Lo más importante de **las emociones** –muchos no lo saben– es que todas llevan a una acción, **dirigen nuestro comportamiento.**

El doctor Ledoux demostró en los noventa que la amígdala es la guardiana de las emociones en el cerebro. Tiene la capacidad de guardar en la memoria las distintas emociones que vamos viviendo a lo largo de nuestra vida, sin ser conscientes de que lo estamos haciendo. La relación directa y rápida entre el tálamo y la amígdala hace posible que esta última reciba de inmediato todas las señales procesadas por los sentidos. Esta inmediatez permite que la amígdala inicie ciertas respuestas antes de que toda la información sea comprendida o analizada por el córtex. Esto quiere decir que, dentro del proceso de registrar las emociones, la amígdala recibe todos los estímulos por una especie de autopista rápida, lo que produce reacciones casi instantáneas y automáticas, como reírse, pelear, correr, llorar. Un cuarto de segundo después, esta información recién llega al córtex. Allí es evaluada de manera más delicada, con su contexto, para que se prepare un plan racional de acción. Si la evaluación que hace el córtex coincide con las reacciones instantáneas provocadas por la amígdala, entonces el cuerpo continúa con ellas. Sin embargo, si este análisis racional indica que es más apropiado responder de manera diferente –por ejemplo, en forma verbal y no física–, entonces el córtex envía mensajes al hipotálamo para calmar la situación, es decir, apagar la amígdala. Distintas técnicas confirmaron en 2004 que la amígdala es el área donde se producen las sensaciones de miedo y de enojo. La amígdala genera las dos típicas respuestas al miedo: quedarse quieto o salir corriendo. Esto sucede con frecuencia cuando nos encontramos en una situación de vida o muerte, y nuestro sentido de supervivencia aflora con más fuerza que la razón. Si nos asaltan y salimos corriendo no estamos siendo muy racionales, ya que nos arriesgamos a que nos disparen. La amígdala también está cableada de forma tal que tengamos miedo "natural" a ciertos estímulos; por ejemplo, cuando pasa un pájaro volando muy cerca de nosotros, una araña, una serpiente. Algunas emociones parecen tener un cableado desde que nacemos, se hacen evidentes al ver que los niños pueden reír y llorar apenas después de nacer. Otras emociones parecen ser aprendidas, como la culpa que requiere un condicionamiento social a través de un *feedback* negativo.

La mayoría de los científicos reconoce entre cuatro y seis emociones bien básicas: el miedo, el enojo, la tristeza, la alegría y luego –fue el investigador Damasio quien las agregó– la sorpresa y el disgusto. Las emociones también mejoran la memoria. Aparentemente, la memoria queda registrada de diferentes formas, dependiendo si tuvo un contenido emocional o no. Los recuerdos o las memorias sencillas, sin contenido emocional, se registran, en esencia, en el hipocampo. Sin embargo, aquellas acompañadas de contenido emocional son procesadas sobre todo en la amígdala.

Una teoría que se desarrolló hace pocos años, en la Universidad de Illinois, explica que cada uno de nuestros cerebros tiene una especie de *set point* emocional. Todos tenemos un punto de equilibrio en nuestros estados de ánimo, que nos marca un nivel básico de tristeza, un nivel básico de felicidad, etcétera. Hay eventos que empujan hacia arriba o hacia abajo cada uno de estos puntos de equilibrio. Pero, en ocasiones, las personas volvemos a nuestra base, a ese punto de equilibrio. En general, la gente que es más negativa tiene estados emocionales más negativos; estas personas son más pesimistas, más ansiosas y tratan de evitar a otra gente. Y aquellas que tienden a los estados positivos, por lo común, son más activas, extrovertidas y de confianza. Algunos escaneos cerebrales revelan que estos dos grupos de personas reaccionan diferente cuando son confrontados con las emociones de otros individuos. Por ejemplo, cuando se les muestran fotografías de personas que dan miedo, esto provoca reacciones mucho más fuertes en la amígdala en aquellas personas pesimistas, mientras que las fotografías de personas sonriendo provocan la reacción opuesta en personas optimistas.

Como estamos en permanente evolución y progreso, podemos predecir qué tipo de cambios podrían ocurrir en nuestros cerebros humanos, observando qué sucede con la evolución de los cerebros de otras especies. Hoy sabemos que la amígdala tiene más influencia en el córtex que éste sobre la amígdala. Por eso, en ciertos momentos, las emociones dominan y controlan el pensamiento. Si estudiamos a los mamíferos, los surcos neuronales que van de la amígdala al córtex son mucho más fuertes que aquellos que van del córtex a la amígdala. Sabemos que los pensamientos pueden disparar con facilidad ciertas emociones, y lo hacen a través de la acti-

vación –adivinaron– de la amígdala. Pero también sabemos que no somos efectivos para apagar las emociones con los pensamientos, es decir, desactivar la amígdala. Por ejemplo, decirnos a nosotros mismos que debemos bajar la ansiedad, o deprimirnos menos, no ayuda a que eso suceda. Las conexiones corticales con la amígdala son mucho mayores en primates que en otro tipo de mamíferos, y esto sugiere la posibilidad de que estas conexiones continúen expandiéndose, es decir, que cada vez más el córtex tenga control sobre la amígdala. Si así sucediera, los humanos futuros podrían controlar mejor sus emociones. Pero esto es sólo una posibilidad. Si estos nuevos caminos nerviosos en algún momento llegan a un balance, es posible que estas problemáticas entre pensamiento y emociones quizá sean resueltas a través de una integración más armoniosa entre la razón y la pasión. En otras palabras, con un incremento de conectividad entre el córtex y la amígdala, lo cognitivo y lo emocional quizás empiecen a trabajar juntos, y no como lo hacen ahora que son sistemas más bien separados.

Técnica: Cambiando una palabra

Años atrás, Toyota les sugirió a sus empleados que aportaran ideas sobre cómo podían ser más productivos. La gerencia recibió muy pocas ideas. Tiempo después reformularon la pregunta: ¿Cómo pueden hacer sus trabajos más fáciles? La gerencia se inundó de nuevas ideas.

Pequeños cambios al reformular una pregunta pueden derivar en cambios enormes.

A veces, el cambio de una sola palabra o el orden de las palabras en algún desafío creativo puede estimular tu imaginación, agregando otras dimensiones de significado.

Determiná tu desafío.

Identificá las palabras clave y cambialas por lo menos cinco veces. Siempre resulta más fácil cambiar el verbo.

Ejemplo:

El desafío creativo es: "De qué manera puedo trabajar menos horas".

Cambio una palabra: De qué manera puedo viajar menos horas, de qué manera puedo comer menos horas, de qué manera puedo dormir menos horas, etcétera.

Aportá ideas para los nuevos desafíos que surgen al cambiar una palabra.

Asociá esas ideas con tu desafío original.

Técnica: Dos palabras

Escribí la esencia de tu desafío en dos palabras.

Por ejemplo, si tu desafío es "de qué manera puedo mejorar la venta de mis helados", las dos palabras esenciales son "venta" y "helados".

Separá el desafío en dos unidades: la venta y los helados.

Elegí dos atributos para cada una de estas unidades.

Por ejemplo: ventas *online* y ventas en el negocio; helado cremoso y gustos del helado.
Elegí dos atributos de cada atributo original.
Online: por e-mail o por la web. En el negocio: sacar ticket en la caja o sacar ticket al heladero.
Cremoso: espeso y empalagoso. Gusto: frutales o chocolatosos.
Uno puede seguir separando este atributo en dos hasta que sienta que tiene suficiente información para trabajar.
De esta manera descomponés tu desafío en piezas separadas. Al realizarlo, empezás a ver material nuevo que ha sido o que forma parte de otra cosa y vos vas a tratar de volver a pegar esas piezas juntas de manera original.

Si te sentís triste, tus pensamientos son diferentes de cuando te sentís contento. Si te sentís rico y exitoso, tus pensamientos también van a ser bastante diferentes que si te sentís pobre y no exitoso. Lo mismo sucede cuando te sentís creativo, tus ideas son diferentes de cuando sentís que no lo sos. Si estás manejando en la ruta y de repente la aguja que indica la cantidad de nafta del tanque se ilumina para alertarte que queda poca, vas a parar en la próxima estación de servicio y cargar nafta. Un indicador negativo te está mostrando algo que te puede pasar, ya que no es bueno que te quedes sin nafta. Vos no ignorás esa señal, no te paralizás, sino que frenás y cargás nafta. Una vez que llenaste el tanque, mientras manejás no te lo pasás mirando dónde está la aguja. No dejás que esa aguja monopolice tus pensamientos constantemente. Si hicieses eso, estarías manejando de manera errática y hasta sería peligroso. Lo mismo ocurre con los pensamientos negativos o estar todo el tiempo con dudas, con incertidumbre, con miedo. Estar percibiendo amenazas constantes. Si monopolizan tu día o tu vida, resulta muy difícil ser creativo. Éste es un tema entre la emoción y la percepción.

> Las personas que miden más alto en una escala estándar de felicidad resuelven veinticinco por ciento más de desafíos creativos que aquellos que se sienten molestos o enojados. Estados de ánimo positivos te permiten relajarte más, lo cual te hace focalizar menos en los problemas del mundo y asociar mejor conceptos remotos. Sin embargo, un poquito de melancolía agudiza tu atención, permitiéndote estar más concentrado y persistente en lo que te atañe. Varios estudios demuestran que escritores muy famosos son ocho veces más propensos que la población en general a sufrir alguna forma de depresión severa. No es que los exitosos artistas estén un poco locos, aparentemente están más tristes.

Percepciones y emoción

Hacer lo sencillo complicado es normal; hacer lo complicado sencillo, tremendamente sencillo, eso es creatividad.
CHARLES MINGUS

Hace un tiempo escuché una historia de un habitante pigmeo que por primera vez era llevado en auto hacia las planicies africanas fuera de su densa selva. En el medio del viaje, observa frente a él un insecto. A medida que el auto avanza, se va asombrando de cómo el insecto empieza a crecer cada vez más. Totalmente desorientado, le pregunta al conductor de qué insecto mágico se trata. El conductor le dice que no es un insecto sino que se están aproximando a un búfalo. Las percepciones dominantes del pigmeo lo habían llevado a pensar que ese búfalo era un insecto que crecía, ya que predominaba en su cerebro la percepción de un mundo de insectos en la selva.

Todas nuestras percepciones dominantes influyen en el comportamiento y en las ideas que tenemos. Nuestro cableado neuronal es responsable de cómo miramos y entendemos el mundo. Estas estructuras son como una red de significados que nos ayudan, gracias a nuestras percepciones, a comprender cuáles son las cosas posibles que vemos. Nos proveen, además, de reglas que dan forma a nuestras interacciones con el mundo en general. Estos circuitos son originados por una combinación de elementos genéticos que heredamos y por nuestras experiencias en la vida.

El ambiente físico también afecta muchísimo las estructuras neuronales. Nuestro amigo el pigmeo estaba acostumbrado a vivir y a ver delante de él sólo unos pocos metros más allá, debido a la gran densidad de la selva. Su capacidad de percibir fue equipada de manera que pudiese entender la situación que necesitase en su vida, en su ambiente físico, no en las planicies, no viendo búfalos. Las culturas en las que crecemos están expuestas y son afectadas por lo que nosotros, los humanos, construimos con paradigmas. Todo tipo de grupo, profesión, disciplina, tiene sus asunciones de la realidad. Qué es lo posible, qué es lo aceptable, qué es valorable, etcétera. Estos paradigmas los tenemos incorporados dentro de nosotros y son pasados a otras generaciones a través de la cultura y las tradiciones, los cumpleaños, los funerales, los casamientos, las ceremonias, ver fútbol los domingos, etcétera. Los amigos, la familia, los compañeros de trabajo, de escuela o de universidad, los maestros, también tienen una gran influencia en nuestras percepciones. Compartir miradas similares del mundo nos hace comunicarnos con más facilidad con el otro, ya que compartimos un mismo significado, un mismo sentido.

Mientras estemos muy pegados a esos paradigmas, lo que hacemos es convertirnos en ciegos para valorar otras miradas del mundo, otras posibilidades, otras percepciones o soluciones o ideas. Esto es un problema para la creatividad. **Todas nuestras asunciones nos previenen de ir hacia adelante, de pensar diferente o ser más creativo.** El solo hecho de que te des cuenta de esto resulta un muy buen primer paso para empezar a alterar esas asunciones y pensar distinto.

Preconceptos

Estamos llenos de preconceptos, y éstos pueden bloquear la creatividad.

Ejercicio: Dale nombres diferentes a cinco cosas que ya tienen nombre.

Por ejemplo, a la música llamala "sonidos que vuelan"; a la nube llamala "humo blanco que flota alto", etcétera.

Ejercicio: Pretendé que sos una cámara de fotos.

Caminá con los ojos cerrados por la habitación o por donde estés, obviamente, sin golpearte.

Frená donde quieras.

Abrí y cerrá los ojos en un segundo como si fueses un lente de la cámara de fotos.

Mirá lo que está en frente de vos sin ningún preconcepto.

Guardá las impresiones que ves en series rápidas de un segundo. Esto te va a permitir ver lo que realmente es sin preconceptos filtrados a través de tus expectativas.

Cuando uno encara un problema nuevo es vital para el proceso creativo aprender a reducir nuestros preconceptos.

Una de las razones de por qué nuestras asunciones son tan fuertes y pueden influirnos tanto se debe a nuestras emociones. Como vimos al principio de esta sección, las reacciones emocionales a distintas circunstancias y escenarios son a veces disparadas muy rápido por percepciones o interpretaciones particulares que estamos experimentando. Por ejemplo, si no logramos concentrarnos para escribir un informe en el trabajo, nos frustramos mucho y pensamos que no tenemos esperanza, que nunca lograremos hacerlo. Si en la calle un extranjero nos pregunta algo en un idioma desconocido, nos enojamos porque no lo entendemos. Si alguien vestido muy diferente de nosotros se nos acerca, le tendremos miedo. Percibimos situaciones como peligrosas cuando en realidad no lo son para nada. Empezamos a fantasear y a asignar significados o sentidos muy exagerados a nuestras experiencias, muchas veces sin importar o sin darnos cuenta de cuán apropiada o clara es la circunstancia. Nuestras historias pasadas van a alimentar las emociones del momento. Es decir, una respuesta emocional puede disparar una respuesta intelectual que lo que hace es perpetuar esas emociones en un abrir y cerrar de ojos. Un gesto sencillo puede ser interpretado como algo en contra de nosotros.

Sin embargo, estas respuestas emocionales, a través de nuestro inconsciente, nos ayudan a mantener cierto balance; nos van a dar energía para correr o pelear si alguien en verdad nos ataca. Pero en el mundo en que vivimos hoy, estas energías son disparadas con rapidez por situaciones que no tienen en realidad ningún tipo de amenaza. Estas emociones disparadas de manera inconsciente por cualquier situación hacen exagerar nuestras percepciones. Para evitar esto, **deberíamos empezar a desarrollar una relación más consciente con nuestras emociones.** Tratar de conocerlas cada vez más y de entender qué nos están indicando, qué nos quieren decir. No olvidemos que **los grandes creativos de la humanidad eran y son aquellas personas que reconocen conocerse mucho a sí mismas.**

Somos propensos a interpretar y sobrerreaccionar a las cosas. ¿Por qué no frenar, respirar profundo y tratar de poner las circunstancias reales en perspectiva?

LAS ASUNCIONES PUEDEN SER DESASTROSAS PARA EL PROCESO CREATIVO PORQUE LIMITAN NUESTRA MIRADA SOBRE EL DESAFÍO

Preguntate: ¿Las asunciones que estás haciendo sobre tu desafío creativo están limitando de manera artificial tus opciones? Esto puede ocurrir por los resultados de alguna experiencia pasada, algo que te dijo tu papá, que escuchaste en alguna reunión, que estás tratando de evitar.

También hay explicaciones biológicas a estas reacciones exageradas. Las conexiones neuronales se hacen cada vez más fuertes a medida que repetimos las experiencias. Cuanto más estamos expuestos a algo o alguien, más fuerte es la asociación que tenemos en el cerebro con eso. Donald Hebb explica que cuanto más seguido un grupo de neuronas es activado al mismo tiempo, más eficiente es la señalización entre estas neuronas. Cuando aceitás la bisagra de una puerta, ésta se hace cada vez más fluida. Cualquier experiencia nueva tenderá simplemente a reforzar lo que ya sabemos, lo conocido, lo familiar. Por este motivo hemos evolucionado para disfrutar mucho de lo familiar y de la seguridad que nos proporciona; en el lado opuesto, el miedo a lo no conocido. Son nuestras bases neurológicas las responsables de las tensiones que pueden aparecer entre personas de distintos puntos de vista o formas de ver la vida. En nuestra lucha por sobrevivir como humanos, parece que hemos elegido que llegar a la estabilidad entre el ambiente y nosotros era la mejor forma de sobrevivir. Cuando este balance se fractura, con una costumbre, creencia, tradición distinta o un cambio en el ambiente físico, nos sentimos poco confortables y amenazados. En ese momento aparecen nuestros prejuicios.

Por todo esto resulta tan difícil desviarnos de la norma, ser creativos, ya que gran parte de nuestra biología dice que tenemos que quedarnos pegados a lo que conocemos. Si estamos acostumbrados a un proceso particular, a un método, a una forma de encarar los problemas o a algo estándar para el éxito, nos vamos a sentir **incómodos** cuando aparezcan nuevos. Lo mismo sucede con nuestras ideas y comportamientos. Cuando el mundo de afuera no concuerda con el mundo interno, tenemos una reacción biológica que requiere en nosotros cambiar nuestro ambiente o cambiar nuestras estructuras internas; la manera en que las cosas son, y la manera en que se supone que tienen que ser. Por eso es tan difícil pensar diferente, ya que tenemos esta propensión biológica a quedarnos siempre con lo que nos es familiar. Ser creativo es todo un desafío. Pero es posible.

Tratar de convertirse en alguien brillante y productivo sin cambiar los hábitos básicos y las estructuras de tu vida es un esfuerzo fútil.

De la ansiedad al miedo

Tener mariposas en el estómago antes de presentarse ante una audiencia no es nada especial. Pero, a veces, las ansiedades diarias pueden convertirse en miedos intensos y paralizantes, llamados fobias. Si estas fobias no son tratadas, estos miedos pueden impedirte disfrutar las cosas que nutren el día a día de tu vida. Para alguien que mira desde afuera la causa de tu miedo puede no parecer una amenaza real, pero el miedo que sentís cuando lo padecés es tan real como la amenaza propiamente dicha.

Estas fobias –como el miedo a las alturas, a los espacios abiertos, a las arañas, o a hablar en público– empiezan, en general, en la infancia o la adolescencia, aunque muchos que las sufren no pueden recordar un detonador en especial. Parecen tener, además, algún componente genético. En la actualidad, la terapia del comportamiento parece ser uno de los tratamientos más eficientes para reducir y eliminar esas fobias. Estos terapistas del comportamiento a veces utilizan drogas que bloquean el miedo, para que sus pacientes puedan primero enfrentarlo despacio y luego, poco a poco, ir superando sus miedos ya sin necesidad de medicación. Parece que la exposición repetida y controlada a las causas del miedo, sin consecuencias negativas, lo aminora. Los pequeños pasos son cruciales. Para tratar tu miedo a las alturas, por ejemplo, un terapeuta puede empezar mostrándote una imagen sacada desde el techo de un edificio bajo. De manera gradual, mientras te vas poniendo más cómodo, el terapeuta aumenta la intensidad de la exposición en un ambiente controlado. Se te puede pedir, por caso, que imagines un balcón y luego llevarte a lugares elevados, pero a salvo, para que te pares en ellos. Eventualmente, la ansiedad se desvanece y la fobia va desapareciendo.

Enojo

El manejo del enojo está destinado a controlar las reacciones físicas causadas por la activación de dicha emoción. No cambia la causa o la habilidad que tiene para irritarte. Evitá el consejo desacreditado de otra persona de "relajate". Se ha demostrado que es contraproducente para las relaciones y la salud mental tapar el enojo, como un volcán que chorrea lava. El manejo del enojo reduce el impacto de la emoción en tu cuerpo y te permite controlar su experiencia. Existen libros dedicados al manejo del enojo. En especial se basan en los siguientes pasos:

- Respirá profundo desde la panza; repetí una frase o palabra que te calme como "relajate" mientras respirás; visualizá una escena tranquila como una costa del mar o una sierra o montaña; ejercitá con movimientos suaves y desestresantes.
- Utilizá tu imaginación; visualizá una experiencia relajante, como reposar en una hamaca.
- Recordate a vos mismo que actuar sobre la base de tu enojo e ira no va a resolver tus problemas. Sólo la acción calculada y con propó-

sito lo hará. Aprendé a comunicarte mejor con los que te rodean. Escuchá. Hablá con calma. Revalorá tu situación y usá un vocabulario positivo para describirla. En lugar de maldecir y describir tu vida como sin esperanza, mirá la situación de una manera lógica. Decite que las cosas no son tan terribles, y vas a lograr atravesarlas. El córtex le habla al límbico, la razón conversa con tu emoción. Reformulá, como vimos al comienzo de esta parte del libro.

Qué bueno, me irrita

A principios de 1900 a la gente la irritaba tener que cortar su propio pan. Otto Frederick Rohwedder pasó dieciséis años de su vida e invirtió toda su plata para inventar una máquina automática que cortara el pan. Otto terminó en la ruina, no había entusiasmo en la industria para comprar la máquina. Sin embargo, treinta años después otra empresa, Continental, adoptó la máquina y la llamó Wonder Bread. En ese año, el ochenta por ciento del pan que se vendió estaba precortado. Otto decía que no era el dinero lo que lo estimulaba a crear algo nuevo sino el solo hecho de tener que cortarse su propio pan.

Muchas veces, las ideas crecen a partir de cosas que nos irritan. Escribí una lista de todas las cosas que te irritan. Seleccioná algunos desafíos que pueden ser muy interesantes.

Miedos creativos

Hemos evolucionado con ciertas características que hicieron posible que nuestros ancestros formen grupos, desarrollen nuevas tecnologías y derroten a sus predadores. El miedo en ciertas situaciones es innegablemente una herramienta muy útil. Si estás parado en la terraza de un edificio de veinte pisos frente al abismo, un poquito de miedo te hará dar dos pasos hacia atrás. Estar parado con mi hija de la mano frente a una gran avenida, listos para cruzarla, hará que la sujete más fuerte. Estos tipos de miedos fueron y son cruciales para nuestra supervivencia. No obstante, hay otra clase de miedos que al dictaminar tu comportamiento te provocará a realizar acciones o tareas por debajo de tu eficacia natural. Con frecuencia, por el miedo de lo que "podría ser", la creatividad es inhibida. "Vayamos por lo seguro", nos decimos. Se elevan las potenciales consecuencias, muchas veces irreales, de cometer un error que sentimos será fatal y, para evitarlas, hacemos un trabajo mediocre. En ocasiones, estos miedos son iniciados en nuestro ambiente; por ejemplo, si un jefe nos dice "si no lo hacés bien, te despido". Sin embargo, la mayor parte del tiempo, nuestros propios miedos de sobresalir, para mal o para bien, o de ser ninguneados por amigos o colegas, juegan un papel esencial.

El confort es el enemigo de la grandeza.
Cuando elegís el confort, estás eligiendo ser menos eficiente en tu vida.

En general, cuando pensamos en el miedo creativo nos referimos al miedo al fracaso. No queremos pifiar en lo que estamos haciendo, entonces tomamos menos riesgos. Hemos hecho algo por mucho tiempo y aprendimos cómo hacerlo de manera pasable, sin riesgos. **Todo trabajo creativo es el resultado de haber tomado riesgos.** Hay que buscar más allá de nuestras circunstancias presentes y arriesgarse a que lo que hagamos pueda fallar. Como dice el autor Peter Block: "Vivir en los márgenes y no en el centro". Este miedo no es infundado. Si tratamos de ir más allá de lo conocido, inevitablemente, otras personas creerán que nuestras ideas son malas. Esto se siente como una amenaza para nosotros, y nuestro cerebro más primitivo, como ya vimos, nos aleja sin cesar de las amenazas y nos acerca a lo familiar, a lo conocido, a lo seguro. Después de todo, los animales que se alejan de su grupo son los primeros en ser comidos por sus predadores. Tenés que **aprender a identificar y evitar los impulsos de nuestro instinto de supervivencia.**

Esto requiere que estés consciente y muy atento de lo que estás haciendo y que aprendas la disciplina de tomar riesgos calculados. Podés aprender esto último empezando por arriesgar en cosas que no requieren de mucha eficiencia, donde no hay presiones exteriores o donde los resultados no tengan mucha importancia.

> Preguntate: ¿De qué manera el miedo al fracaso está restringiendo tu creatividad? ¿Cuándo rehusás tomar riesgos en tu vida, en tu trabajo? ¿Cuáles son las consecuencias percibidas que te paralizan? ¿Creés que son reales o imaginarias?

Otro miedo, más inconsciente, que se observa en muchas personas frente a desafíos creativos, es el del éxito; como una suerte de paranoia que nos susurra que no podremos continuar teniendo tan buenos rendimientos o que no podremos estar a la altura de las circunstancias cuando tengamos que implementar nuestra idea creativa. Esto nos produce dudas para meternos de lleno en nuestros desafíos porque no queremos lidiar con las consecuencias del éxito. Muchas personas luchan toda su vida contra este tipo de miedo, pensando que toda cosa que hagan estará fuera de su liga. Se sienten de primera D (sin desmerecer) cuando podrían estar jugando en la B Nacional (¿se nota que soy de River?). Estos impulsos sutiles pero destructivos no nos dejan crecer. Si bien al crecer uno puede sentirse un poco incómodo, sin incomodidad la capacidad de desarrollo no permanece igual sino que se reduce. Si no crecemos, morimos. Por ello, el miedo al éxito a veces es más destructivo que el miedo al fracaso, ya que se esconde bajo una máscara de sensatez; parece nuestro amigo, o que estamos adoptando una actitud madura, pero lo único que hace es ser la causa de la pérdida de oportunidades.

Preguntate: ¿Estás dejando de ser creativo por miedo a no poder sostenerlo en el tiempo? ¿Alguna vez bloqueaste una idea por miedo a sus consecuencias? ¿Te sentís despreocupado por el éxito en tu vida o trabajo?

Estrés

Una de las grandes dificultades con el estrés consiste en que es difícil detectar cuando alguien lo está experimentando. Para algunos tirarse en paracaídas es recreativo, y otros mueren de pánico de sólo pensarlo. Aunque la medición del cortisol es una herramienta muy usada, no hay un único grupo de respuestas fisiológicas que le señalen a un científico si estás experimentando estrés. Muchos de los mecanismos que nos estresan al ver un predador son también utilizados en el cerebro cuando estamos teniendo sexo o disfrutando de un helado de dulce de leche granizado. Un estado de excitación fisiológica es característico de ambas cosas, el estrés y el placer. Sin embargo, según el experto David Diamond, podemos afirmar que estás estresado si las siguientes tres situaciones te pasan en simultáneo:

1) *Tiene que haber una excitación fisiológica medible por un tercero.* Cuando el burrito Ortega se hizo echar contra Holanda en el Mundial de Fútbol de Francia 98, pude ver (soy el tercero) en el estadio de Marsella cómo algunos hinchas argentinos gritaban y lloraban desaforados mien-

tras se agarraban la cabeza y transpiraban litros de sudoración.

2) *El estímulo que causa el estrés debe ser percibido como aversivo.* Preguntate si podrías bajar los niveles de severidad que esta experiencia te está causando, ¿lo harías? Si la respuesta es sí, entonces ese estímulo es aversivo. Era obvio que los hinchas hubiesen preferido que Ortega siguiera en el campo de juego. Que lo echen fue un estímulo aversivo.
3) *Sentís que no tenés control sobre el estímulo que te está excitando fisiológicamente.* Cuanto menos control, más severo es percibido el estrés. El control del comportamiento de Orteguita o de la tarjeta roja del juez estaba lejos de nuestro alcance como hinchas.

Estos tres componentes, mientras trabajan juntos en nuestro cuerpo, generan una situación de estrés.

Cuando tu sistema sensorial detecta peligro, además de subir tus pulsaciones y tu presión arterial, el hipotálamo secreta masivas cantidades de adrenalina. Esto te permite una liberación de gran energía para correr o luchar. Una hormona menos conocida, y que ya mencionamos, el cortisol, también es secretada en estas situaciones pero por las glándulas adrenales. Sin este sistema rápido, flexible y altamente regulado para responder a los peligros, moriríamos. Pero nuestro sistema para responder a situaciones de estrés fue formándose para resolver problemáticas de segundos, no de años. Fue diseñado en especial para que los músculos se muevan lo más rápido posible ante algún peligro. Hoy los estímulos estresantes son lo menos parecido a que te corra un león por segundos; se trata de horas, días y años en lugares de trabajo, problemas de dinero, familias infelices, etcétera. Nuestro sistema no fue construido para soportar con eficiencia esta actualidad humana. Pocas cantidades de cortisol empiezan a acumularse en abundancia y su circulación por la sangre pasa de minutos a meses, es entonces cuando se convierten en verdaderos tóxicos. Es así como un sistema **exquisito** se desregula lo suficiente para afectar tu desempeño laboral. Por todo esto, las personas que sufren de estrés crónico se enferman hasta tres veces más seguido y, por supuesto, tienen más chances de riesgos cardíacos. Además, uno de los efectos más desagradables del estrés prolongado es que te empuja a la depresión. Un estudio asegura que alrededor de ochocientas mil personas por año se suicidan por profundos estados de depresión. Un ochenta por ciento de los gastos médicos en países desarrollados está relacionado con el estrés. Un setenta y siete por ciento de empleados de empresas asegura haber pasado por un estado de "no dar más", "quemado", lo que se traduce en mucho cortisol, muchas reuniones perdidas y muchas visitas al médico.

Entonces, con niveles altos y prolongados de estrés se produce una prolongada exposición de cortisol. Diferentes estudios demuestran que esto lastima el cerebro y lo hace dañando el hipocampo, dificultándose la capacidad de guardar memorias y aprender cosas nuevas, fundamental para nuestra creatividad. A la gente estresada le va mal en matemática, no procesa el lenguaje correctamente, tiene peor memoria (de corto y de largo plazo), tampoco logra adaptar viejas informaciones a nuevos escenarios, se concentra menos y ejecuta peor. Parece ser que un lugar laboral o familiar estresante está dado sobre todo por la combinación de que se espera mucho de vos y, al mismo tiempo, no tenés pleno control para desempeñarte con eficiencia. El estrés en las familias afecta tu trabajo y viceversa, retroalimentándose y siendo cada vez más destructivo.

La mejor manera de gestionar tu estrés involucra mantener lo más posible el control sobre tu vida. Para amortiguar el impacto del estrés, uno debe bajar los niveles de cortisol. Algunos métodos testeados para lograrlo son:

- Desacelerá tus pensamientos con meditación.
- Ejercicios de respiración y yoga.
- Mantené lazos con familiares y amigos cercanos.
- Reíte, la risa aumenta el oxígeno inhalado y libera endorfinas.
- Mantenete descansado; estar muy cansado puede aumentar el nivel de estrés, pero dormir lo disminuye.
- Hacé ejercicio, la actividad física reduce el estrés.

Corran, corran

Para mí correr, al tiempo que un ejercicio provechoso, ha sido también una metáfora útil. A la par que corría día a día, o a la vez que iba participando en carreras, iba subiendo el listón de los logros y, a base de ir superándolo, el que subía era yo.

HARUKI MURAKAMI

Ya vimos que un buen estado mental está asociado con más apariciones de *insights*. También dicen que "mens sana in corpore sano".

Aunque todavía exista un montón de controversia sobre la historia de la evolución, cualquier antropólogo o paleontólogo del planeta acepta un concepto sin dudarlo: siempre estuvimos en movimiento. En vez de estar moviéndonos del árbol al suelo y del suelo al árbol, según lo que sucediera con el clima del momento, nos movíamos más bien en dos direcciones, cruzando el planeta de lado a lado en busca de un mejor ambiente para vivir. Esto significaba caminar muchísimo, se cree que entre diez y veinte kilómetros por día los hombres, y entre cinco y diez las mujeres. Nuestro cerebro moderno se desarrolló mientras estábamos realmente haciendo ejercicio, éramos como una especie de maratonistas. Me refiero a cien mil años atrás cuando empezamos a irnos de África y llegamos, por ejemplo, a la Argentina, hace unos doce mil años. Cruzamos ríos, desiertos, selvas, montañas, océanos. Nuestros ancestros estaban todo el tiempo buscando nuevas fuentes de comida, diferenciando cuáles eran predadores y cuáles peligros físicos. Estos datos sugieren que nos desarrollamos y crecimos con un estado físico muy importante. El movimiento era una presencia constante en los humanos. Podemos pensar que toda nuestra habilidad cognitiva, incluida la creatividad, se desarrolló al mismo tiempo que sosteníamos una actividad física intensa.

En la actualidad, uno de los grandes predictores de un envejecimiento exitoso es la presencia o ausencia de una vida sedentaria. Todo indica que el ejercicio mejora el sistema cardiovascular y reduce el riesgo de enfermedades, como ataques al corazón y accidentes cerebrovasculares. Además, la condición física realmente influye en los resultados de cualquier test mental (memorias de largo plazo, formas de razonamiento, atención, resolución de problemas, la habilidad de pensar con rapidez o de pensar de manera abstracta, memoria de corto plazo, ciertos tiempos de reacción), no importa la manera en que sea medido. Una persona que ha llevado una vida con mucho ejercicio físico siempre tiene una elevada *performance* cognitiva comparada con aquellas que han llevado una vida sedentaria. Esto muestra una asociación entre el estado físico y el estado cognitivo, pero no una causa. Sin embargo, cuando a la gente sedentaria se la hace mejorar su estado físico, también mejora su estado cognitivo. Estos experimentos se han llevado a cabo muchísimas veces y muestran en definitiva que el buen estado físico estimula una mejora en el estado cognitivo. Por ejemplo, el riesgo de tener demencia se reduce a la mitad en aquellas personas que han tenido actividad física durante su vida. El rol del ejercicio en el estado de ánimo es tan pronunciado que muchos psiquiatras ya lo han empezado a recetar. También la depresión y la ansiedad son muy beneficiadas por el ejercicio de manera inmediata y a largo plazo, efectivo tanto en mujeres como en varones. Cuanto más largo sea el programa de ejercicios, mejores resultados se obtienen.

Ejercicio físico

Como ya mencionamos, si bien el cerebro representa aproximadamente entre el 2 y el 5 por ciento del cuerpo, consume hasta el 20 o el 25 por ciento de la energía. Cuando el cerebro está trabajando a toda máquina usa más energía por unidad de tejido que un cuádriceps en pleno ejercicio. Nuestro cerebro no puede activar en simultáneo más del dos por ciento de sus neuronas en determinado momento. Uno puede vivir hasta unos treinta días sin comida y cerca de una semana sin agua. Sin embargo, el cerebro está tan activo que no puede vivir sin oxígeno por más de cinco minutos; si sucediera, muere o puede tener serios riesgos de daño permanente. Cuando la sangre no puede llevar suficiente oxígeno hasta el cerebro, se empiezan a acumular agentes tóxicos. Hoy sabemos que, incluso en un cerebro totalmente sano, todo el sistema de transporte de sangre, es decir de oxígeno, puede ser mejorado. Y esto se realiza gracias al ejercicio físico. El ejercicio no suministra necesariamente más oxígeno y comida, lo que provee es un mejor acceso a ellos. El ejercicio incrementa el número y la extensión de todas las arterias y los vasos en el cuerpo, las del cerebro inclusive. Esto ocurre porque ejercitar estimula la creación de una molécula muy estudiada conocida como óxido nítrico, que regula el flujo de la sangre. A medida que el flujo va mejorando, el cuerpo produce más vasos sanguíneos que penetran cada vez más profundo en todos sus tejidos; es decir, más acceso a la energía y al oxígeno y mejor distribución de la energía y limpieza de los tóxicos que se encuentran circulando.

A la actividad física a veces se la llama **caramelo** cognitivo. Los estudios en imágenes del cerebro muestran cómo el ejercicio incrementa literalmente el volumen de sangre en distintas regiones del cerebro. Otro de los efectos estudiados del ejercicio en el cerebro es que estimula la producción de un potente neurotransmisor, el factor neurotrófico, que mantiene las neuronas jóvenes, sanas y con gran capacidad para conectarse entre ellas. También este factor estimula la neurogénesis, la formación de nuevas neuronas en el cerebro.

Si se trata entonces de la creatividad, y de mantener al cerebro lo más sano y apto para poder cumplir con las funciones del pensamiento creativo, no me extrañaría que en el futuro cercano las compañías, empresas y organizaciones instalen, por ejemplo, cintas de correr o caminar para llevar a cabo sus reuniones, establezcan muchos recreos en la mañana, y la tarde para hacer ejercicios. Las escuelas podrían abandonar los típicos pupitres y permitir que los estudiantes también tomen cursos mientras caminan, escuchando una lección de matemática. Recordemos que nuestros ancestros que vivían en África no permanecían sentados en cubículos en una clase, sino que estaban realmente en movimiento; yo creo que si alguno de ellos se hubiese pasado ocho horas sentado en un mismo lugar en África, o tal vez una hora, sin duda habría sido el almuerzo o la cena de otro predador. Todavía no hemos pasado millones de años adaptándonos a nuestra nueva vida sedentaria, llevamos una vida que no concuerda con las necesidades óptimas para que el cerebro funcione de la mejor manera posible. Cierren el libro y váyanse a caminar treinta cuadras.

Amore

No se trata de plata o talento, se trata de creatividad y amor.
Amy Butler

Ya no la quiero, es cierto, pero tal vez la quiero,
es tan corto el amor y es tan largo el olvido.
Pablo Neruda

Es bastante lógico pensar que el amor es un sentimiento universal. Y el hecho de que sea igual o muy parecido en cada rincón del planeta hace pensar que debe haber ciertos componentes químicos y cableados cerebrales involucrados en este hermoso, y a veces difícil, sentimiento. No tengan dudas de que para la ciencia es el cerebro, y no el corazón, el que está a cargo de todo lo que nos pasa en esos meses fulminantes y en los siguientes. Algo poco romántico que sabemos es que cuando el cerebro está enamorado tiene ciertas similitudes a cuando está mentalmente enfermo o bajo los efectos de la cocaína. Algo aun menos romántico, cuando nos sentimos atraídos por alguien quizá sea porque de manera no consciente nos gustan sus genes. No sólo la vista es la responsable de que nos guste alguien, el olfato juega un papel importante. Y si seguimos con lo no romántico, ese "olor" que nos atrae es lo más parecido al de nuestros padres. Así es, la flecha de Cupido es dentro de nosotros un arsenal químico. Si se trata de amor, estamos a merced de la bioquímica personal; es la activación de ciertas zonas del cerebro que estimulan el corazón y nos hacen sentir mariposas en el estómago. Helen Fisher es tal vez la mayor experta sobre el enamoramiento en el mundo y describe tres etapas donde nuestra química está bien representada: la del deseo o lujuria, la del enamoramiento o atracción y la del cariño o conexión. La primera etapa del deseo está conducida por las hormonas sexuales testosterona y estrógeno; aquí todavía no hemos encontrado a la supuesta media naranja pero andamos con unas ganas bárbaras. En la etapa de enamoramiento, estamos obsesionados y no hacemos otra cosa más que pensar en el ser amado; se relaciona con la baja en niveles de serotonina y la suba de dopamina y norepinefrina.

En experimentos realizados en el Albert Einstein College of Medicine se preguntaron qué pasa cuando una persona en estado de enamoramiento mira la foto de su ser querido dentro de un resonador magnético nuclear. Para establecer una comparación, les mostraron a estas personas flechadas por Cupido unas fotos de conocidos de la escuela o la universidad. Entre las fotos del ser querido y la de esa persona neutral pusieron la imagen de un número (8.421) y les pidieron que contaran hacia atrás de a siete números. Esto se conoce como tarea de distracción, para que las sensaciones causadas por la foto del ser querido no contagien la foto neutra. Si bien varias zonas del cerebro se activaron cuando se ve la foto del enamorado, dos parecen ser las más concurridas por el oxígeno y la glucosa, las más activas. Un área que se llama *caudate nucleus* que es parte de nuestro cerebro más primitivo, el reptiliano, y es responsable de los movimientos del cuerpo y del sistema de recompensa, que se enciende cuando existen sensaciones de placer y motivación por adquirir alguna gratificación. Cuanto más pasionales –medido declarativamente en una escala de "amor pasional" por los participantes del experimento– eran los individuos testeados, más actividad había en esta área. Otro lugar del cerebro muy activo fue una región que se enciende cuando comemos chocolate; para el que dice que el amor puede ser adictivo, aquí una prueba. Finalmente, la región ventral tegmental o VTA, parte del circuito de recompensa y gran fabricador de dopamina y norepinefrina estaban en su máximo esplendor. Cuando esta dopamina es distribuida a otras partes del cerebro se produce una atención muy fuerte, una sensación de gran energía, motivación focalizada en lograr algo que nos recompense, júbilo y euforia (a veces convertido en manía), las sensaciones y los comportamientos conocidos por nosotros y centrales durante el romanticismo. Inundados de dopamina, hiperconcentrados en obtener lo que queremos, con vigor y resistencia e impulsados con toda la maquinaria a pleno del cerebro, no es para menos que no podamos dormir, mandemos miles de mensajes de texto por día, cambiemos de trabajo o estilo de vida, llenemos de abrazos y besos e incluso algunos hasta puedan morir por amor. Es decir, esta etapa no es simplemente una fuerte emoción conocida como el sentimiento de amor, sino más bien una combinación de esta emoción con un importante rol del sistema de recompensa. Motivación por obtener lo que quiero.

En un experimento muy similar, de la Universidad de Stanford, estudiaron además los efectos del enamoramiento y su poder analgésico. Esta área es conocida como *nucleus accumbens*, un centro clave de recompensa de las adicciones de opioides, cocaína y otras drogas, y se encuentra en plena acción sináptica en los sujetos enamorados. Esto nos dice que no sólo debemos acudir a las drogas para cesar el dolor. **Enamorado las cosas duelen menos.**

La última etapa de conexión sucede si la relación está destinada a durar. Lamentablemente no podemos vivir para siempre en la etapa del enamoramiento; si no, no podríamos hacer nada más con nuestras vidas. En esta última etapa, la hormona liberada por el sistema nervioso es la oxitocina en mujeres, conocida y ligada con el nacimiento de los niños y el período de amamantamiento. Esta hormona ayuda a establecer un vínculo madre-hijo. También es secretada por ambos sexos durante el orgasmo, y la teoría dice que cuanto más sexo tenga una pareja, mayor es el vínculo que se construye. Supongo que no todos estarán de acuerdo con esta teoría. La otra hormona de esta última etapa es la vasopresina, importante molécula en las relaciones a largo plazo.

Qué elegante diseño pensar que la pasión emana de nuestro motor cerebral conservado evolutivamente, el *nucleus caudate*, que nos riega con uno de los más estimulantes naturales, la dopamina. Esta pasión romántica se enreda de manera intrínseca con nuestros otros dos instintos básicos: la reproducción y la urgencia por construir una relación profunda y duradera con alguien. Poder comprender cada vez más cómo nos enamoramos y por qué al no ser correspondidos quedamos con el "corazón roto" puede aportar indicios a nuevas terapias, ya que este último estado puede causar depresión y estrés. Enfermos de amor. Emily Dickinson decía que "la mente es más amplia que el cielo", y qué bueno que así sea. Muchos son los estudios que concluyen que **enamorados** somos más creativos. Según parece, el amor altera nuestros pensamientos disparando un proceso global en el cerebro, que promueve la conexión entre áreas distantes no especializadas (lo que ocurre justo antes de los *insights*) e interfiere con el pensamiento analítico. Además, el romanticismo induce pensamientos con perspectivas de largo plazo, lo cual ayuda a ver el bosque en lugar del árbol, sentido antes que detalle. Esto último también promueve el surgimiento de ideas novedosas.

CAPÍTULO 7

Aprender

Aprendo, luego existo

Nunca he permitido que la escuela entorpeciese mi educación.
MARK TWAIN

No se puede enseñar nada a un hombre; sólo se lo puede ayudar a encontrar la respuesta dentro de sí mismo.
GALILEO GALILEI

Durante décadas los investigadores estuvieron convencidos de que al nacer éramos una hoja en blanco, la nada, un disco rígido sin datos. Pensaban que absolutamente todo lo que un bebé aprendía era por su interacción con el medio, más que nada con los adultos. Hoy sabemos que esto no es así. Venimos al mundo con nuestro disco rígido, el cerebro, precargado con *softwares* procesadores de información.

En un experimento legendario, en 1979, el profesor Andrew Meltzoff cambió el mundo de la psicología infantil sacándole la lengua a un bebé y esperando con paciencia a que éste hiciera lo mismo. Increíblemente, el bebé imitó el comportamiento del profesor sacándole la lengua cuando sólo tenía cuarenta y dos minutos de vida. Está más que claro que el bebé nunca antes había visto una lengua, ni la de otra persona ni la suya propia. Sin embargo, el bebé sabía que tenía una lengua, sabía que Meltzoff tenía una lengua y de alguna manera intuía la idea de espejar el accionar del investigador. Si nos ponemos más exquisitos, podemos concluir que el bebé sabía que estimulando una serie de nervios en una secuencia específica él también podría sacar la lengua; en definitiva, lo contrario a la noción de hoja en blanco. Por esto y mucho más, hoy los bebés y los niños son, como ya mencionamos, los mejores conejillos de Indias para entender cómo los humanos adquirimos información.

Si estudiamos la mente de un niño, veremos que todos nacemos con un profundo deseo de comprender el mundo que nos rodea y una incansable curiosidad que nos lleva a explorar todo lo que se nos atraviesa en el camino. Esta curiosidad es tan poderosa que algunos científicos la comparan con los impulsos frente el hambre, la sed o el sexo. En otra serie famosa de experimentos, a algunos bebés de un año se les dio un rastrillo y un juguete alejado físicamente de ellos. Los bebés aprendieron con rapidez a usar el rastrillo para acercar el juguete. Muchos padres observan esto a menudo en sus casas. Sin embargo, luego de algunos intentos exitosos por acercar el juguete, los bebés perdían interés en él pero no así en el juego. Movían el juguete a diferentes sitios y luego usaban el rastrillo para

volver a acercarlo hacia ellos. A veces hasta ponían el juguete bien lejos para ver todo lo que el rastrillo podía hacer. El juguete no parecía importarles, sino el hecho de que el rastrillo lo podía mover cerca de ellos. Estaban experimentando la relación entre objetos, específicamente cómo un objeto puede influir en otro; es decir, los bebés parecen preocupados por las propiedades físicas de los objetos. Aquellos menores de un año van a analizar todo tipo de objetos con todo su arsenal sensorial, lo van a sentir, patear, romper, lamer, ponerlo en la boca de otros, etcétera. Buscan con intensidad información sobre las propiedades de los objetos, lo que muchas veces significa para los adultos que esos objetos aparezcan destrozados.

Otro concepto interesante y muy estudiado en los pequeños, que tiene consecuencias en la evolución y supervivencia de la raza humana, es conocido como la permanencia de objetos. Antes de los dieciocho meses, un objeto escondido debajo de un pañuelo significa para el niño que ha desaparecido. Luego, el bebé comenzará a experimentar cubriendo y descubriendo los objetos con el pañuelo hasta comprender, con mucha alegría y entusiasmo, que si se retira de la vista no significa que haya desaparecido. La permanencia de objetos fue fundamental en nuestra época como habitantes de la sabana africana. Un leopardo que yace escondido en los pastizales no significa que el leopardo no está. Aquellos que no adquirieron este conocimiento seguramente hayan sido parte del menú de esos leopardos.

A esta edad también aprendemos que la gente tiene deseos y preferencias diferentes de las nuestras. Antes de los dos años, los bebés hacen muchas cosas que los padres preferirían que no hagan. Sin embargo, luego de cumplidos los dos años, los pequeños hacen esas cosas porque los papás no quieren que las hagan. Parecen convertirse en pequeños tiranos rebeldes, y muchos padres sienten que los están desafiando. En realidad se trata de una expresión natural de un programa de investigación sofisticado que comenzó al nacer. Empujás el límite de las preferencias de la gente, luego soltás y ves cómo reacciona. Luego repetís el experimento una y otra vez para ver cuán estables y duraderos son tus descubrimientos. Lentamente aprendés a percibir cómo son los deseos de las otras personas y cómo difieren de los tuyos. Luego, sólo para corroborar que los límites siguen ahí, volvés a hacer el experimento otra vez. De bebés, quizá no entendamos mucho el mundo pero sí sabemos cómo obtener información sobre él.

Si se trata de cómo aprendemos, el máximo referente es el doctor Eric Kandel, de quien ya leímos su teoría de la memoria inteligente para producir ideas.

Kandel también demostró cómo una simple pieza de información nueva altera la estructura de las neuronas que participan de ese proceso. A medida que aprendemos, el cerebro cambia la organización y reorganización de su estructura. Y, al estar en constante aprendizaje, podríamos decir que el cerebro está cambiando su cableado todo el tiempo. Dicho de otra forma, el cerebro actúa como un músculo que, cuanto más actividad tiene, más grande y complejo se vuelve. Lo que hagamos con nuestras vidas cambia literalmente nuestro cerebro. Ni siquiera los cerebros de dos gemelos idénticos son iguales. Todo cerebro recién nacido está ensamblado sólo de manera parcial. El programa de construcción mayor termina alrededor de los veinte años y sigue afinándose hasta la mitad de los cuarenta. La cantidad de conexiones neuronales de un recién nacido es igual a la de un adulto, pero a los tres años ese número se duplica o se triplica en algunas regiones de cerebro volviendo al número original alrededor de los ocho años. Durante la pubertad, esto vuelve a suceder pero en este caso son otras las regiones y áreas que se desarrollan. Sin embargo, algunos estudios muestran que estas regiones crecen a diferentes tasas según cada chico. Como cuando uno mira una clase en la escuela de púberes y observa diferentes grados de desarrollo en sus cuerpos, lo mismo sucede con los cerebros.

Otro de los expertos en aprendizaje y memoria es Richard Mayer, quien durante décadas estudió los efectos de las presentaciones multimedia. Sus cinco grandes conclusiones –algunas coinciden con lo que aprendimos sobre nuestro sentido de la visión–, obtenidas de datos empíricos sobre cómo aprendemos mejor los humanos, son las siguientes:

1) Aprendemos mejor con palabras e imágenes que sólo con palabras.
2) Aprendemos mejor cuando las palabras y las imágenes se presentan simultánea y no sucesivamente.
3) Aprendemos mejor cuando las palabras y las imágenes están espacialmente cerca entre ellas.
4) Aprendemos mejor cuando el material que no tiene que ver con el contenido es extraído de la presentación.
5) Aprendemos más con animación y narración que con animación y texto en la pantalla.

Espejito, espejito, ¿quién es la más linda?

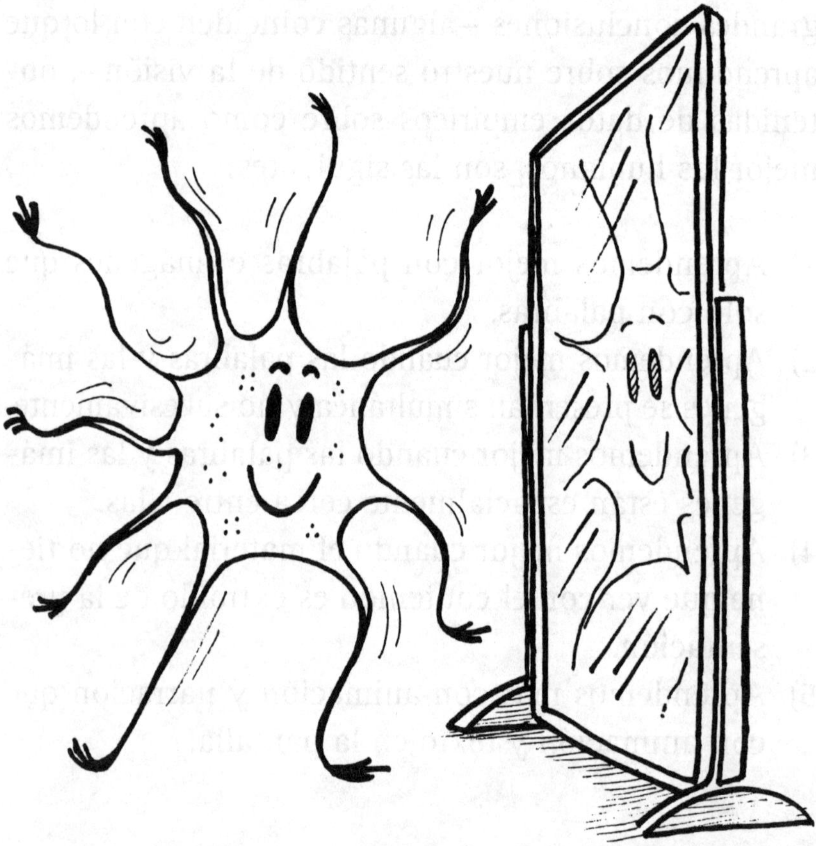

En 1991, tres investigadores de la Universidad de Parma, fundada en el siglo XI, liderados por el doctor Giacomo Rizzolatti estudiaban cómo se encendía el cerebro de un macaco al alcanzar diferentes objetos. Cierto día, uno de los científicos agarró de un plato una pasa de uva y observó cómo se encendía la actividad cerebral del amigo primate todavía conectado a electrodos. El patrón cerebral del animal indicaba que estaba levantando una pasa de uva cuando en realidad no lo estaba haciendo, simplemente estaba mirando cómo lo hacía el italiano. Luego de repetir los experimentos y extender sus descubrimientos, llegaron a la conclusión de la existencia de las que hoy se conocen como neuronas espejo. Son aquellas neuronas cuya actividad refleja lo que sucede alrededor. Con rapidez fueron descubiertas en humanos, y hoy es un tema de estudio muy de moda en el ámbito de la neurociencia. Gracias a estas neuronas, los bebés logran sacar la lengua imitando a un adulto a los pocos minutos de nacer, como vimos que observó Andrew Meltzoff en 1979. La teoría establece que si vos ves a alguien haciendo una acción, esas neuronas automáticamente simulan la acción en el cerebro, ya sea patear una pelota, saltar a la soga, lavar los platos, cocinar un bife, etcétera. Para el doctor Vilayanur Ramachandran, estas neuronas han evolucionado para ayudar a discernir información valiosa con rapidez.

Imaginemos cien mil años atrás, cuando el hombre empezaba a desarrollar su cultura –herramientas, fuego, refugio, lenguaje, etcétera–, en lugar de aprender y reaprender "cómo hacer un fuego", al mirar hacer el fuego, las neuronas los hacen "sentir" como si ellos mismos estuviesen encendiendo el fuego, de manera inconsciente imitan las acciones de los demás.

Esto se conoce como la habilidad de "vivir" la experiencia del otro y resulta fundamental para aquellas especies que aprenden rápido las diferentes **habilidades** de los miembros de su mismo grupo. Es como si además de la enseñanza vertical de los padres y horizontal de los miembros de la comunidad se agregase un aprendizaje exponencial gracias a estas neuronas. Los programas de cocina por televisión son un ejemplo perfecto. Es mucho más eficiente, y aprenderemos más rápido, si la vemos a Narda cocinar en la tele que si leemos alguna de sus recetas. Cuando una marca de autos muy conocida proyecta en pantallas gigantes un auto sexy y deportivo atravesando paisajes y geografías con el fin de atraer a la gente a su local, descubre que en promedio los curiosos se paran frente al video unos ochenta y siete segundos. Sin embargo, cuando modifican un poco el film y ahora se puede ver al conductor manejando, abriendo el techo, encendiendo la radio, etcétera, la gente se queda ciento cuarenta y tres segundos en promedio; además, mejoran las ventas entre diferentes edades y ambos sexos. Nuestras neuronas espejo "viven" la experiencia de manejar ese auto deportivo en paisajes exóticos, y nosotros la disfrutamos.

Desafiate

Todos los días tenés que crear o generar un número mínimo de ideas, cinco por día, diez por día. Vas a darte cuenta de que las primeras ideas de la semana son difíciles de generar. Pero estas ideas van a traer otras y van a asociarse con otras y serán cada vez más fluidas.

Imponerte un número mínimo de ideas te va a forzar a que activamente generes esas ideas y otras alternativas de ellas, en vez de estar esperando que ocurran.

Por ejemplo, Tomás Edison se imponía inventar algo pequeño cada diez días y una gran invención cada seis meses.

Hoy existen muchos estudios con neuronas espejo que involucran el tacto, el movimiento, las intenciones y las emociones. Por ejemplo, al leer la palabra "pica" en un contexto adecuado te empieza a picar, al leer "pateo la pelota" se encienden áreas motoras y al escuchar "saltar" se activan áreas de movimiento del cerebro.

Muchos deportistas utilizan la técnica de visualización antes de un partido importante. Se imaginan completar una acción o tarea antes de hacerla y luego aseguran que esto mejora su desempeño. Ahora sabemos que mirar a otro haciendo una tarea o actividad también pude mejorar nuestro desempeño, y esto se debe a que se reclutan las neuronas espejo. Es habitual que los músicos observen a sus maestros tocar para aprender más rápido. Pero atención, esto sólo sucede con gente que practica la misma actividad. Si yo me pongo a mirar todo el día a Nadal, mis neuronas espejo jugarán al tenis, pero yo no mejoraré mi desempeño como tenista.

Neuronas espejo en el día a día: cuando los papás ven a sus hijos vacunarse también sienten dolor; ves a un amigo mantener una conversación estresante y te sube la presión; ves a un ciclista bajando a toda velocidad por una pendiente y te sube el ritmo cardíaco, secretás más endorfinas y te ponés más alerta; ves a un colega concluyendo una negociación y te da placer y te hace sentir exitoso. En la radio, en la que no se ve sino que sólo se escucha, poder incluir sonidos que "acerquen" a los oyentes a la actividad que se está describiendo va a encender estas neuronas, aumentando el interés y hasta, quizás, estimulando la fidelización al programa.

Podríamos sintetizar diciendo que nuestra supervivencia dependió y depende mucho de comprender las acciones, intenciones y emociones de los otros. Hoy sabemos que logramos simularlas automáticamente, sin pensar, sin lógica y sin análisis gracias a una variedad de neuronas espejo.

En la actualidad hay muchísima evidencia científica de que existen zonas del cerebro adulto que son tan maleables como el cerebro de los bebés. Podemos hacer crecer nuevas conexiones, fortalecer las que ya existen y hasta crear nuevas neuronas.

Gracias a esto, somos criaturas que podemos seguir aprendiendo durante toda la vida. Este descubrimiento es bastante reciente, hasta unos doce años atrás se pensaba que nacíamos con todas las neuronas que íbamos a tener durante el resto de nuestra vida. No todas son buenas noticias, también perdemos conexiones sinápticas a medida que crecemos. Algunos creen que se nos mueren unas treinta mil neuronas por día. Sin embargo, el cerebro adulto continúa **creando** neuronas en regiones relacionadas con el aprendizaje. Estas neuronas muestran la misma plasticidad que aquellas encontradas en bebés. Por suerte, el cerebro mantiene la habilidad de cambiar su estructura y función en respuesta a nuestra experiencia durante toda su vida.

En cuanto a aprendizaje y creatividad, deberíamos aprender más de nuestros pequeños, ellos entienden muy bien que el descubrimiento conlleva el disfrute, la alegría y la felicidad. Como una droga adictiva, la exploración mediante la curiosidad crea más necesidad de descubrir para poder así experimentar más disfrute. Es un claro sistema de recompensa que, si lo dejamos florecer, continuará en los años escolares.

¡Crear es explorar posibilidades!

A medida que crecemos descubrimos que aprender no sólo nos lleva a ser más felices sino que también podemos convertirnos en expertos. Ser virtuosos en algunas áreas nos brinda confianza para tomar ciertos riesgos intelectuales. Si los chicos no terminan en la sala de emergencias de un hospital, podrían terminar en Suecia recibiendo el Premio Nobel. Por desgracia –como mencionamos en el primer capítulo–, los adultos anestesiamos este ciclo natural de aprendizaje-felicidad. Al entrar en la primaria, los chicos aprenden que la educación significa aprobar las materias. Aprenden que pueden adquirir conocimiento no porque sea interesante sino porque los puede llevar a algo, como aprobar el curso. La fascinación pasa a un plano menor, y la pregunta más frecuente es ¿qué necesito para aprobar el curso?

No obstante, la historia muestra que muchas personas no caen en el mensaje de la sociedad, y su instinto por la curiosidad y la exploración los hace florecer. Para darles un ejemplo muy actual y moderno, la empresa Google ofrece a sus empleados el veinte por ciento de su tiempo libre para que puedan explorar y permitir que sus mentes vayan a donde quieran ir. Los resultados son notables, el cincuenta por ciento de sus productos (incluidos Gmail y Google News) nace de ese tiempo libre. Es un buen momento para preguntarnos cómo podemos adaptar esta libertad de exploración en nuestras aulas y oficinas. Este tiempo libre, que en Google llaman *Innovation Time Off* (tiempo libre para innovar), fue puesto en marcha mucho antes por la empresa 3M (The Minnesota Mining and Manufacturing Company), que inventa productos hace ya más de setenta y cinco años y fue rankeada recientemente como la tercera empresa más innovadora del mundo detrás de Apple y Google. Algunos de sus productos más conocidos son los Post-it Notes y la cinta adhesiva transparente. El éxito de esta empresa se debe en gran parte a su política de "atención flexible". En lugar de pedirles a sus empleados foco y atención constante en sus ocho horas diarias, los estimulan a que realicen actividades que a primera vista parecen no productivas, un paseo por la plaza, tirarse en un sillón a mirar por la ventana, soñar despierto. Ya vimos que en esos momentos de disfrute y relajación los *insights* son más frecuentes. Si estás atrapado en un problema, salí a caminar. El único requerimiento para los empleados de 3M es que compartan con sus colegas las cosas que se les ocurren; los consejos de los demás desde otras perspectivas y experiencias mejoran la calidad de las ideas y muchas veces terminan convirtiéndolas en implementables.

Como hemos visto, el cerebro ha evolucionado de modo exquisito para reaccionar a amenazas, ataques, agresiones, reconocer lo verdadero y lo falso, evitar ser decepcionado. Nuestros cerebros se encuentran gran parte del tiempo en "modo emergencia", simplemente, por el estilo y la sobreestimulación de la vida moderna.

¿Por qué, siendo inteligentes, evolucionamos de manera de crearnos para nosotros mismos un ambiente tan hostil y estresante? Quizá sea porque somos ambiciosos y creativos al mismo tiempo. Nunca nos conformamos con lo que es y buscamos sin cesar mejores soluciones. Pagamos un precio muy alto por nuestras creaciones pero también recibimos buenas recompensas: muchas enfermedades fueron erradicadas, mucho arte fue creado, el genoma fue decodificado y podemos comunicarnos en segundos con otra persona en cualquier parte del mundo. Todo esto gracias a que usamos nuestra base de datos cerebral y podemos improvisar sobre ella, somos lógicos y creativos al mismo tiempo. Mientras la lógica se enseña y se aprende de continuo en la escuela, la casa, el trabajo, la sociedad, no sucede lo mismo con la creatividad. Aprovechemos lo que queda de este libro para aprender a ser aún más creativos.

Técnica: Provocación

Muy utilizada para romper patrones establecidos y encontrar ideas no ortodoxas.

Escribí una declaración provocativa (a veces puede parecer estúpida y ridícula): "Las piletas de natación no necesitan agua".

Explorá los pro y los contra de lo que escribiste y de las ideas que te dispara esa declaración: construir piletas con colchones dentro, pelotitas de gomaespuma, organizar muestras de arte en piletas vacías, etcétera.

Técnica: Las revistas

Comprá en un quiosco cuatro o cinco revistas de esas que no leés nunca (sobre viajes, habanos, flores, decoración, etcétera).

Determiná un número al azar de página (pág. 44).

Entrá en esa página en cada una de las revistas, observá lo que hay (foto, dibujo, una nota, publicidad, etcétera).

Concentrate en eso que observás y tratá de relacionarlo con tu desafío creativo.

Técnica: El bailarín

Mirá algún bailarín/bailarina en un canal de arte o en YouTube (clásico, jazz, moderno, lambada, etcétera).

Prestá profunda atención a su baile. Miralo concentrado durante uno o dos minutos sin parar.

Escribí un sustantivo, un verbo, un adjetivo y un adverbio de lo que te pasó cuando lo observabas, lo que te invocó.

Relacioná esas cuatro palabras con tu desafío creativo.

Se me olvidó que te olvidé

En los primeros momentos que aprendemos algo, tenemos la habilidad de acordarnos de eso. El cerebro tiene diferentes tipos de sistemas de memoria, y muchos de ellos operan de manera semiautomática. La ciencia sabe muy poco sobre cómo se coordinan estos diferentes tipos de memoria, pero sí sabe que la memoria no es considerada un fenómeno único. Podemos pensar en ella como si fuese un intruso, un invasor que permite que experiencias pasadas se metan de continuo en nuestra vida presente.

A medida que crecemos, nuestra experiencia le da forma al cerebro gracias a la memoria. Para una criatura tan débil como el humano en medio de la sabana africana, sin memoria o sin acordarse de las cosas —para no repetir los mismos errores o no caer en las mismas trampas—, sin duda hubiese significado la desaparición de su especie. Todo talento humano relacionado con lo cognitivo, como la habilidad de escribir o de hablar, existe gracias al hecho de poder recordar cosas. Entonces, la memoria no sólo nos hizo durables y nos permitió subsistir, sino que también nos hace humanos.

Increíblemente, al cabo de treinta días, en general,

nos olvidamos de un noventa por ciento de lo aprendido en una clase o charla, y la mayoría se olvida de inmediato en las primeras horas después de esa clase. Hoy está muy demostrado que uno puede incrementar el tiempo de vida de un **recuerdo** simplemente repitiendo la información muchas veces en intervalos de tiempo determinados. Los espacios entre repeticiones son un componente crítico en el hecho de transformar memorias temporarias en memorias más persistentes. Recordar nuestro número de documento resulta bastante fácil; sin embargo, la búsqueda de ese número dentro del cerebro incluye, por ejemplo, visualizar la última vez que lo miramos o recordar la última vez que lo escribimos. Pero recordar cómo se hace para andar en bicicleta es totalmente diferente, uno no tiene una lista o un protocolo detallado de dónde poner el pie o cómo poner la espalda o cómo tienen que agarrar las manos, etcétera; no obstante, uno se acuerda de cómo andar en bicicleta de la misma forma en que se acuerda de los ocho números del documento. Hay entonces una memoria que involucra una atención consciente (número de documento), la memoria declarativa, y otra que no la necesita (habilidades motoras para andar en bicicleta), la memoria no declarativa.

La declarativa involucra cuatro etapas: registrarlo, guardarlo, irlo a buscar y olvidarse. El hecho de registrarlo lo que hace es describir qué pasa en el momento del aprendizaje, cuando el cerebro se encuentra con una pieza nueva de información declarativa. Este momento de aprendizaje o de registro es tan misterioso como complejo. Poco sabemos hoy sobre qué es lo que sucede, sólo que ese pedazo de información se corta en pequeñas unidades al entrar en el cerebro, y estas unidades van a distintas partes de la mente.

A un grupo de personas le mostraron diez palabras escritas. Luego se lo dividió en dos subgrupos. Al primero le piden que se fije qué letras tienen líneas diagonales en cada palabra; al segundo, que piense el significado de cada palabra y ponga en una escala del uno al diez cuánto le gusta o no esa palabra. Luego de unos minutos, se le pide a cada grupo que escriba todas las palabras que recuerde de esas diez. Aquellos que estuvieron procesando el significado y cuánto les gustaban esas palabras, se acuerdan de dos a tres veces más que los que estuvieron sólo mirando la arquitectura de las letras. Es decir que cuanto más elaborado sea el registro de información en el momento del aprendizaje, más duradera es la memoria.

Charles Duell, director de la Oficina de Patentes de los Estados Unidos, en 1899, dijo: "Todo lo que puede ser inventado ya ha sido inventado". Grover Cleveland, en 1905, expresó: "Las mujeres que son responsables y sensibles no quieren

> votar". Robert Millikan, Premio Nobel de Física 1923, manifestó: "No hay chances de que el hombre alguna vez pueda entender el poder del átomo". Lord Kelvin, presidente de la Real Sociedad, en 1825 dijo: "Es imposible que vuelen máquinas más pesadas que el aire". El zar de Rusia, ante lo que él creía era el fracaso del tren, opinó: "Nadie va a pagar para ir de Berlín a Postdam en una hora cuando puede ir en su caballo en un día gratis".

Otra característica común de la memoria es que la búsqueda de la información ya registrada y guardada resulta más eficiente al replicar las condiciones en las cuales fue hecho el registro. Esto es lo que se llama condiciones dependientes del contexto o aprendizaje dependiente del estado. Si aprendés algo cuando estás triste, es mucho más seguro que lo recuerdes en algún momento en que vuelvas a estarlo. Además, cuanto más focalizada esté la persona que aprende el significado de esa información, mucho más elaborado es el proceso de registrarlo en la memoria. Es decir, si estás aprendiendo algo y no entendés su significado, no trates de memorizarlo porque no va a tener mucho sentido.

El hecho famoso de "estudiar de memoria", que implica en general no entender demasiado el significado de lo que estás aprendiendo, te puede llevar a una mala experiencia si la pregunta del examen no es recordar algo sino elaborar, relacionar o asociar esa información con otra cosa. Está demostrado también que, para recordar algo mejor, la utilización de ejemplos reales o situaciones lo más familiares posibles es muy eficiente. Cuanto más personal sea el ejemplo, con más fuerza queda registrado y más fácil es de recordar después. Si vos estás tratando de llevar información a alguien, la habilidad de crear una muy buena introducción sobre ese tema es quizás uno de los factores más importantes para tener éxito en tu misión de enseñar o comunicar de manera efectiva. Esto sucede porque cuantas más estructuras neuronales fueron reclutadas al momento del aprendizaje, mucho más fácil resulta después tener acceso a esa información y recordarla.

Se estima que al menos una vez por semana experimentás momentos de "lo tengo en la punta de la lengua". Es interesante que este traspié de tu memoria, cuando no recordás algo, venga acompañado de un convencimiento profundo de que lo sabés. Es por esto que utilizás mucho esfuerzo y energía mental para tratar de recuperar esa palabra, ese nombre o concepto perdido. Existe una especie de habilidad natural de la mente para diagnosticar tus problemas y medir qué tipo de creatividad vas a necesitar invertir. Se conoce como la "sensación de saber". Cuando esto ocurre, te convencés de que si continuás pensando en el problema lo vas a resolver. Hay estudios que muestran que, cuando te enfrentás a problemas que no necesitan de *insights*, tu mente es bien precisa para medir cómo deben ser encarados y resueltos. Con el solo hecho de entender el desafío, vos sabés que **poniéndote a trabajar vas a alcanzar un resultado óptimo** y, por ello, te motivás y te concentrás en él. Por el contrario, si sentís que no estás progresando en tu desafío, que te estás dando contra una pared, probablemente necesites de un *insight*; entonces, seguir concentrado y gastando energía es una pérdida de tiempo, necesitás relajarte para incrementar tus ondas alpha. Lo más productivo que podés hacer es olvidarte de tu desafío.

Viejos nuevos recuerdos

El proceso de convertir la memoria de corto plazo en la de largo plazo se llama consolidación. Hoy se sabe que la relación entre la repetición y la memoria es muy clara. La forma más efectiva de recordar algo por más tiempo (consolidar) es exponerse adrede repetidas veces a esa información.

Al principio la memoria es muy flexible, lábil y con gran riesgo de extinguirse. La mayoría de los estímulos y pedazos de información que nos encontramos en un día común de nuestra vida caen en esta categoría. Igual que la de corto plazo, declarativa o no declarativa, también hay distintas formas de memoria a largo plazo. Los científicos todavía no se ponen de acuerdo en todas las formas que existen. Sí coinciden en que existe un sistema de **memoria semántica**, que tiende a recordar, por ejemplo, cuál es la torta favorita de tu mamá o cuánto pesabas en la escuela primaria. También describen a la **memoria episódica**, encargada de recordar los episodios de tus experiencias pasadas con sus características: qué pasó, quiénes eran los personajes, dónde estabas, etcétera. Se sabe además que el aprendizaje ocurre mucho mejor cuando la información nueva se incorpora de manera gradual en la memoria, y no de golpe. ¿Y el olvido? Olvidarse juega un rol vital en nuestra habilidad para funcionar, permite priorizar eventos. Aquellos sucesos irrelevantes para nuestra supervivencia gastan un montón de espacio en el cerebro; directamente, los olvidamos. Entonces, sin importar las distintas formas que pueda haber de olvidarse algo, lo que todas siempre hacen es dejar de lado un pedazo de información para darle lugar o prioridad a otro.

Como vimos, la memoria no sólo nos hace humanos sino que resulta en extremo importante para nuestra supervivencia. Poder registrar y guardar todas las cosas que vivimos durante la vida es la base de la formación de todas las ideas en nuestra mente. Recuerden que la creatividad o las ideas creativas que se nos ocurren son sencillamente la mezcla de conceptos, experiencias, información, datos, conocimiento al parecer no relacionado, que están registrados en algún lugar de nuestra memoria. Estos conceptos han sido aprendidos o vividos en algún momento por nosotros y guardados preciosamente por la memoria en "cajones" neuronales, en especial en nuestro inconsciente. Recordemos la teoría de "la memoria inteligente" de Eric Kandel en el capítulo 3.

El inconsciente aprende antes

Imaginemos cuatro mazos de cartas, dos rojos y dos azules. Las cartas están boca abajo y cada mazo, alineado uno al lado del otro. Si damos vuelta las cartas, veremos una frase que nos indica que hemos ganado o perdido diferentes cantidades de dinero. El juego se trata de dar vuelta las cartas de manera de ganar el máximo dinero posible. Lo que los participantes no saben es que los mazos rojos ofrecen premios elevados pero también las pérdidas son muy grandes. Es más, sólo se puede ganar dinero cuando se sacan cartas de los mazos azules, que ofrecen tanto ganancias como pérdidas moderadas.

La pregunta es ¿cuántas cartas en promedio debe dar vuelta la gente para comprender que los mazos azules son los únicos que le permitirán ganar dinero? Este desafío es conocido como el "experimento de Iowa" y se llevó a cabo en diferentes países. La conclusión que arroja su análisis es que la gente recién comienza a darse cuenta de que "algo pasa" alrededor de la carta número cincuenta; en ese momento se intuye el conflicto y se empieza a seleccionar los mazos azules, pero sin razón aparente ni justificada. Sólo al poner boca arriba la carta ochenta, los desafiados pueden explicar lo que está sucediendo y por qué. **De esta manera funciona nuestra lógica. Adquirimos experiencia, luego reflexionamos sobre ella, elaboramos una teoría y al fin sacamos nuestras conclusiones. Es así también como aprendemos.**

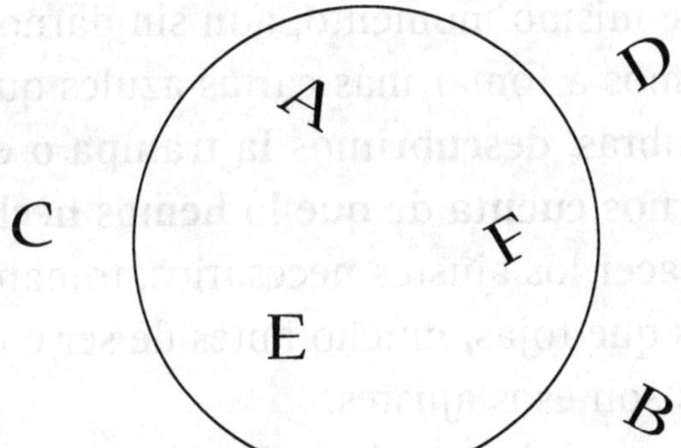

¿Podrías decirme rápido qué letras de las que faltan del abecedario van a ir en el círculo y cuáles afuera? Si vos asumís que éste va a ser un problema intelectual complicado y complejo donde hay un sistema ınvolucrado, vas a fallar. La solución es tan simple como en la arquitectura o forma de las letras. Las letras que tienen una forma curva, como la "B", la "C", la "D", van a ir afuera del círculo, y las que tienen líneas rectas, como la "A", la "F", la "E", van a quedar adentro. Si vos tenés bien desarrollada tu intuición, apenas veas las letras en la hoja vas a contestar rápida y correctamente.

Cuando el mismo experimento se repite con las palmas de las manos de los participantes conectadas a una máquina que mide la sudoración, una medida de estrés o nerviosismo, alrededor de la carta número diez se genera una respuesta al estrés cuando se escoge una carta del mazo rojo. ¡Cuarenta cartas antes de que empezáramos a ser conscientes de que "algo pasaba"! En ese mismo momento, aún sin darnos cuenta, comenzamos a tomar más cartas azules que rojas. En otras palabras, **descubrimos la trampa o el juego antes de darnos cuenta de que lo hemos hecho.** Empezamos a hacer los ajustes necesarios, tomando más cartas azules que rojas, mucho antes de ser conscientes de cuáles son esos ajustes.

Podemos concluir que el cerebro utiliza dos estrategias muy diferentes para entender la situación: una estrategia consciente, más familiar, en la que pensamos lo que aprendimos y elaboramos una respuesta lógica y contundente pero lenta y que requiere mucha información (carta 80); y otra estrategia, rápida, que capta la trampa de las cartas rojas casi al instante pero tiene el inconveniente de actuar, al menos al principio, por debajo de la conciencia y, sin embargo, nos envía mensajes por canales indirectos, como en este caso la transpiración en las manos. **Nuestro cerebro está sacando conclusiones sin decirnos que lo está haciendo.** Esta segunda estrategia, a la cual el psicólogo Gerd Gigerenzer llama "rápida y frugal", es conocida en neurociencia como el "inconsciente adaptativo" (diferente del subconsciente oscuro y tenebroso de Freud, ocupado por deseos, recuerdos y fantasías tan perturbadores que no podemos pensar en ellos de forma consciente).

Nuestro inconsciente adaptativo es como una supercomputadora que procesa rápida y silenciosamente muchos de los datos que necesitamos para continuar actuando como seres humanos. Por ejemplo, si cruzamos la calle y viene un camión a toda velocidad, no hay tiempo de pensar todas las diferentes opciones que tenemos para salvar la vida. En esta situación, el inconsciente adaptativo tomará una decisión elaborando juicios rápidos a partir de escasa información y muy poco tiempo. Es un sensor que se las arregla para hacerse una composición del lugar que nos rodea, advertirnos de peligros, establecer metas e iniciar acciones de forma elaborada y eficaz. Además, los humanos podemos cambiar rápido entre los modos conscientes y no conscientes de pensar en función de la situación. Pensemos un ejemplo: si te invito a mi casa para cenar, tomo una decisión consciente basada en el deseo de querer charlar con vos e intuyo que lo vamos a pasar bien. Pero durante la cena podemos empezar de manera espontánea y no consciente a charlar de política. Esto lo realiza otra parte del cerebro. En general usamos mucho de nuestro inconsciente adaptativo cuando nos reunimos con alguien por primera vez, entrevistamos a alguien para un empleo, reaccionamos a una dieta nueva o tenemos que tomar alguna decisión rápida bajo mucho estrés.

Un experimento clásico sobre cómo nuestro inconsciente adaptativo juega un rol importante en nuestras decisiones es el de la doctora Nalini Ambady. Ella le muestra a un grupo de estudiantes tres grabaciones de diez minutos con diferentes profesores dando clase pero sin sonido y luego les pide que puntúen a esos profesores. Increíblemente, la puntuación obtenida por los mismos profesores al final del semestre no difiere de manera significativa de esta primera evaluación. Pero más increíble aún es que si muestra los videos tan sólo cinco segundos, la diferencia en puntuación sigue sin cambios. Esto prueba el gran poder de nuestro inconsciente adaptativo.

El profesor George Turin, de la Universidad de California, sostiene que los diferentes componentes utilizados para la resolución de problemas mediante nuestra intuición pueden ser:

1) Tenemos la habilidad de saber cómo atacar ese problema sin saber cómo lo sabemos.

2) Tenemos la habilidad de resolver un problema de una disciplina habiendo resuelto problemas parecidos de disciplinas totalmente diferentes. La habilidad de ver conexiones o relaciones entre ideas y objetos.
3) Tenemos la habilidad de reconocer realmente cuál es la raíz del problema.
4) Tenemos la habilidad de reconocer la solución sólo porque "siento" que es la correcta.

Si ante un desafío sentís que tenés estas habilidades, quiere decir que tu intuición está muy desarrollada. Y si no la tenés muy desarrollada, podés usar los ejercicios para desarrollarla más.

Acabamos de ver con el experimento de Iowa, de los mazos azules y rojos, cómo una parte del cerebro, nuestro inconsciente adaptativo, actúa bajo la frontera del consciente. Sin darnos cuenta, toma decisiones importantes sobre nosotros y nuestro alrededor. Pero también aprendimos que esa parte del cerebro nos envía mensajes, como la transpiración de la palma de la mano, nos "habla" o susurra de alguna forma. A menudo, poder aprender a escuchar lo que nos dice nos permite conocernos más y ser más conscientes de uno mismo. Recordemos que los grandes creativos de la historia compartían el hecho de conocerse mucho a sí mismos, lo que en la actualidad se llama "inteligencia emocional intrapersonal". Por desgracia, el inconsciente adaptativo no nos habla en el idioma racional del pensamiento. Se comunica de otra forma, por medio de los estados de ánimo. Entender mejor en qué estado o estados estamos ante diferentes situaciones, en distintos momentos del día o de la vida, nos permite conocernos más, y eso nos ayuda a poder decidir, por ejemplo, si es eficiente actuar. Separemos estos estados en cuatro categorías.

Aprender a escucharse

Un primer estado emocional. Aquellos que atentan con un accionar eficiente en tu día laboral o familiar son la insatisfacción, la irritabilidad, la frustración, mientras que los estados emocionales buscados serían la alegría, estar contento, el juego, la curiosidad. Como ya vimos en la parte sobre las emociones, éstas están muy conectadas con los procesos del inconsciente. Un segundo estado emocional, el estado físico, te da información de cómo se siente tu cuerpo: estresado, tenso, cansado o cómodo, flexible y relajado. Un tercer estado mental te dice qué es lo que pasa en tu cabeza; pensás con claridad, enfoque, confiado y seguro y estás abierto a nuevas ideas o tu mente está ruidosa, distraída, dispersa y trabada en una única solución. Y al fin un cuarto estado, el espiritual. Aquí dejo que cada uno exprese sus propias experiencias y definiciones en cuanto a la energía espiritual. Puede ser religioso o simplemente entender si se está conectado con uno mismo, con el trabajo, el mundo, la gente, el desafío creativo, o no lo está. Lo que está claro es que estos estados cambian de manera constante según estímulos tanto externos como procesos internos conscientes o no. La mejor forma de chequear tus estados es relajándote y respirando tres veces lento y profundo, y luego anotar lo que sentís en cada uno de los cuatro estados descriptos, categorizarlos. Ésta es una manera de enchufarte con tus estados y poder darte cuenta cuando los procesos de tu mente descubren algo interesante. Asimismo, cuanto más alerta estás a tus sensaciones y reacciones generadas por cierto estímulo, más "enchufado" te sentís y, entonces, resulta más fácil tomar las decisiones correctas y encontrarse cómodo con ellas. Un ejemplo muy claro es cuando la gente describe intuiciones y cómo se manifiestan, están interpretando cambios de estado (se me heló la espalda, tengo las manos transpiradas, mi corazón latía más fuerte, etcétera). Cuando notás esos cambios, lo mejor es frenar y explorar, ya que están tratando de decirte algo. Recordá que cuanto más aumenta tu sensibilidad para entender y detectar esos cambios, también aumenta tu conciencia. En definitiva, una grandísima parte de la información captada de los estímulos recibidos del mundo exterior va a nuestro no consciente, y sólo una pequeña, al consciente. Podríamos decir que el consciente es muy ruidoso, no hay mucho y no puede manejar muchas cosas, mientras que el no consciente tiene gran capacidad pero parece callado. Esa gran información que recibimos permanentemente, ya vimos, es captada por nuestros sentidos.

El tímido y el dominante

Richard Wiseman utiliza una analogía fascinante para entender la relación que existe entre el consciente, el inconsciente y la creatividad.

Dos personas están en un cuarto. Uno es muy creativo pero tímido; el otro es inteligente, muy dominante pero no tan creativo. Alguien se acerca a estas dos personas y les pide ideas para algún desafío en particular. Como es obvio, la persona más dominante va a empezar a generar ideas no muy creativas en particular y va a dirigir la conversación. No lo deja contribuir mucho a su compañero y, de nuevo, sus ideas son buenas pero no innovadoras ni muy creativas. Imaginen ahora el mismo escenario, pero la persona dominante se distrae mirando algunas películas. En esa circunstancia, el creativo tímido puede hacerse oír, y eso que diga va a ser mucho más creativo que las ideas del dominante. Es una buena analogía de la relación que hay entre la mente y la creatividad. El tímido representa al inconsciente, es capaz de tener ideas maravillosas pero muchas veces se hace difícil escucharlas, y el dominante representa la mente consciente, inteligente pero no muy innovador y muchas veces difícil de sacártelo de tu cabeza.

Intuición

Charles Merrill, de Merrill Lynch, dijo una vez que si toma las decisiones rápido, en el sesenta por ciento de los casos adopta la decisión correcta. Pero si se toma el tiempo para analizar la situación y llega a una decisión cuidadosa, obtiene un setenta por ciento de efectividad. Muy poca diferencia. Charles dice que ese diez por ciento extra no vale la pena la pérdida de tiempo necesario para pensar con atención.

Uno puede practicar, desarrollar y mejorar su habilidad intuitiva.

Pero si escuchás tu intuición, después razonás la situación y al fin combinás ambas cosas, el resultado es poderoso.

Ejercicio

Tratá de adivinar cómo va a resultar una situación antes de que sea analizada a fondo.

Ejercicio

Hacete preguntas de las que conozcas la respuesta, y contestate internamente un sí o un no.

Por ejemplo, ¿hoy es mi cumpleaños? ¿Mi mamá se llama Silvia? ¿Mañana es viernes? ¿Me gusta el libro que estoy leyendo?, etcétera.

Observá en tu mente qué cambia cuando respondés "sí" o "no". ¿Ves flashes, color verde, flechas, cuando decís "sí"? ¿Ves rojo, cruces, oscuridad, cuando decís "no"?

Concentrate en la forma en que tu mente recibe esa respuesta. La idea es tratar de conocerte, cómo vas respondiendo "sí" o "no". Te estás entrenando con situaciones que ya conocés. Poco a poco verás que cuando surjan preguntas de las que no conocés la respuesta, empezará tu intuición a enviarte los mismos tipos de señales (flechas, cruces, colores, etcétera).

Ejercicio

Suena el teléfono y, sin mirar, tratá de adivinar quién está llamando. ¿Un hombre? ¿Una mujer? ¿Un compañero de trabajo? ¿Un familiar? ¿Es un llamado típico del día? ¿Es algo diferente? ¿Es de la ciudad? ¿Es de larga distancia?, etcétera.
Salís a trabajar. ¿Cómo te va a ir hoy? ¿Vas a vender? ¿No vas a vender? ¿Qué se va a vender más? ¿Qué colores van a venderse más? ¿Por dónde va a doblar el colectivo? ¿Dónde habrá un piquete?, etcétera.
Llegás a la oficina y, antes de abrir la casilla de mensajes, decís: ¿Cuántos e-mails voy a tener hoy? ¿Cuántos serán basura? ¿Cuántos serán de familia? ¿Cuántos serán de trabajo? ¿Cuántos serán raros o diferentes o no esperados?

A dormir que se termina

No hay nada como una buena noche de sueño, solemos decir. Nos sentimos frescos y listos para encarar el día. Todos sabemos cómo no dormir o dormir mal puede alterar nuestro humor y hasta nuestros niveles de estrés. No sólo sensaciones placenteras nos brinda la cama, dormir favorece el aprendizaje y la capacidad de memoria, entre otras cosas. En estudios con animales se muestra que dormir aumenta las conexiones cerebrales durante el desarrollo temprano. Por ejemplo, los gatos que sufren un cambio de ambiente abrupto y de inmediato se los deja dormir seis horas desarrollan luego el doble de conexiones comparados con los gatos a los que se mantiene despiertos.

¿Qué sucede si no dormimos? Un tal Randy Gardner, con tan sólo diecisiete años en 1965, para un trabajo práctico de la escuela, decidió intentar no dormir durante once días seguidos. El investigador William Dement siguió a Randy durante esa semana y media y detectó los siguientes acontecimientos. En los primeros días, el cerebro empieza a funcionar mal, Randy está irritado, con náuseas, olvidadizo y, sin duda, muy pero muy cansado. Al quinto día sus síntomas podrían confundirse con la enfermedad de Alzheimer, alucina, está desorientado y paranoico. En los últimos cuatro días del experimento pierde la función motora, sus dedos tiemblan y casi no puede hablar. Increíblemente logra su cometido pero en un estado deplorable.

Sin duda, dormir es muy importante, tanto como el agua y el aire que respiramos. Nos pasamos un tercio de nuestras vidas durmiendo; sin embargo, la ciencia no sabe con exactitud por qué lo necesitamos. Si pudiésemos meternos adentro de un cerebro, veríamos que éste no parece dormir nunca; es más, en su estado de descanso está en extremo activo. El único momento donde hay silencio y se consume menos energía es en el estado no REM de sueño más profundo. Este estado ocupa alrededor del veinte por ciento de nuestro dormir y el cincuenta por ciento en los bebés. Podemos decir que cuando el cerebro duerme en rigor no está descansando. Sin embargo, durante el sueño otras partes del cuerpo sí descansan. Si lo pensamos en términos evolutivos, tiene que haber algo en verdad importante cuando dormimos porque hacerlo significaba, en la ya conocida sabana africana, quedar por completo a merced de los predadores.

Cuando no usás un músculo, ese músculo no está haciendo mucho; pero cuando tu cerebro está supuestamente haciendo nada, está realmente haciendo un montón de cosas.
MARCUS RAICHLE

Algunos experimentos comparan que manejar sin una noche de sueño es tan peligroso como hacerlo borracho. Otros estudiaron que las personas muy emocionales y ansiosas tienden a dormir mucho menos en momentos de crisis o estrés; mientras que las que ignoran sus emociones y focalizan más en las tareas, duermen más que lo habitual en esos períodos.

¿Quién no ha tenido una novia o un novio que quería irse a la cama temprano mientras nosotros podíamos quedarnos con facilidad y sin esfuerzo hasta las dos o tres de la mañana mirando una película o saliendo a tomar algo? O viceversa. La literatura científica establece que un décimo de la población es de cronotipos matutinos. Estas personas se levantan antes de las seis de la mañana sin despertador, prefieren el desayuno al almuerzo o la cena y casi no toman café, pero se van a dormir a las nueve de la noche y su pico de productividad en el día tiene lugar unas horas antes de almorzar. No es mi caso. Dos de cada diez personas son de cronotipos vespertinos, no van a la cama antes de las tres de la mañana pero sin despertador seguirían hasta las diez, al menos. Necesitan café, son productivos alrededor de las seis de la tarde y, por supuesto, disfrutan más que nada de la cena. Lamentablemente, estas personas acumulan en sus vidas una masiva cantidad de falta de sueño. El resto de nosotros está entre los cronotipos extremos. No podemos entonces saber aún cuántas horas es necesario dormir para funcionar lo mejor posible. Los ciclos de sueño varían según las personas, las edades, el sexo, si estás embarazada, o atravesando la pubertad. Pero podemos pensar cuánto hay que dormir como mínimo. La respuesta no es muy científica: si te despertaste y sentís que te falta dormir un poco más, ese poco más sumado a lo que ya dormiste es tu mínino para que no le suceda nada malo al cerebro.

Por mucho tiempo los científicos creyeron que la sensación de querer dormir la siesta era dada por la falta de sueño nocturno o un almuerzo abundante. Hoy algunos científicos creen que una noche larga de sueño más una siesta corta a la tarde resume el comportamiento natural del sueño en los humanos. La NASA mostró que una siesta de veintiséis minutos mejora la *performance* de sus pilotos en más del treinta y cuatro por ciento, y otro estudio indica que una de cuarenta y cinco minutos incrementa la *performance* cognitiva durante las seis horas subsiguientes.

Cuando tengo que dar una charla luego del almuerzo, sé que será una batalla dura de ganar.

La famosa frase "lo voy a hablar con mi almohada" es avalada por cientos de publicaciones que demuestran que una buena noche de sueño aumenta nuestra capacidad de aprendizaje en cierto tipo de tareas y, como ya vimos, favorece la aparición de *insights*. Al parecer, la tarea más sensible es la relacionada con aprender un procedimiento.

Satisfacción

Cada vez más evidencia científica muestra que soñar nos permite realizar todo tipo de conexiones sorprendentes. Cuando comenzamos a soñar, dejamos de preocuparnos por la lógica, la verdad, el sentido común. En lugar de censurar nuestros pensamientos que divagan por la mente, abrazamos la libertad de sus asociaciones. Keith Richards imaginó en sus sueños una de las canciones más influyentes del rock mundial, una noche de mayo de 1965, *(I Can't Get No) Satisfaction.*

Aquellas personas que duermen una siesta y sueñan en ella resuelven al levantarse un cuarenta por ciento más de acertijos de asociación que cuando se levantan a la mañana. Al soñar, el córtex prefrontal se apaga y así nos exponemos a un exceso de sorprendentes conexiones. La mayoría no servirá para nada, pero alguna puede ser la respuesta en medio de la noche para nuestro desafío.

Estudios recientes mostraron que el hecho de dormir mal inutiliza hasta un tercio de la capacidad de nuestro sistema de aprovechamiento de la comida; es decir, empieza a fallar la habilidad de hacer insulina y extraer glucosa, el postre favorito del cerebro. Un último estudio muestra que parte de la química de una persona sana de treinta años, a la que se le depriva de sueño durante seis noches seguida, y sólo duerme cuatro horas, se convierte en una química típica de una persona de sesenta años. Le lleva una semana de buen sueño recuperar sus sistemas naturales. Entonces, si queremos ser más productivos, tenemos que promover en los trabajos las siestas cortas y los horarios especiales para aquel treinta por ciento de las personas que tiene cronotipos matutinos o vespertinos. Si tenés un examen, nada mejor que una buena noche de sueño en lugar de quedarte estudiando sin dormir. La nueva memoria sucede cuando las personas se someten a una nueva información que debe ser aprendida, como una lista de palabras o tocar una pieza de piano. Como vimos, estas nuevas memorias son vulnerables y pueden ser olvidadas rápido. Para que queden retenidas deben ser solidificadas en el proceso conocido como consolidación de la memoria, antes mencionado. Esto ocurre cuando las conexiones entre neuronas y diferentes partes del cerebro se fortalecen. Durante muchos años se pensó que esto sucedía con el tiempo. Sin embargo, en una serie de experimentos en 2005, en el Beth Israel Deaconess Medical Center de Boston, se demostró que el tiempo dedicado a dormir juega un rol esencial en la preservación y consolidación de la memoria.

Si uno no duerme lo suficiente, es probable que tenga más estrés, una menor capacidad para tomar buenas decisiones y sea propenso a ganar peso. Y esto es sólo el comienzo. Dormir mal ha sido relacionado con un alto riesgo de ataques cardíacos.

Para conseguir una buena noche de sueño, probá lo siguiente: programá tiempos regulares para ir a la cama y levantarte. El cuerpo se acostumbra a las rutinas diarias. No consumas cafeína durante las ocho horas antes de ir a dormir. Hacé ejercicio aeróbico (caminar, nadar, correr) durante la tarde. No lo hagas durante las dos horas antes de ir a dormir. Dormí en una habitación con buena ventilación, sin cambios bruscos de temperatura, y con ventanas que puedan tapar la mayor cantidad de luz posible. Si no podés oscurecer la habitación, probá con una máscara para dormir. No uses un despertador con números grandes y luminosos. Utilizá una fuente de sonido blanco, como un ventilador, para bloquear los ruidos del exterior que puedan molestarte. Como alternativa, considerá tapones para los oídos. Si no te podés dormir en los primeros treinta minutos después de acostarte en la cama, levantate y hacé alguna actividad de relajamiento. Quedarse acostado, estresado por no poder dormir, sólo empeora las cosas.

Dalí

¿Cómo hacía Salvador Dalí? Se sentaba en un sillón muy cómodo y colocaba un vaso en el piso, en el filo del vaso apoyaba una parte de una cuchara y la otra punta la sostenía en la mano. A medida que se iba relajando, cuando estaba por quedarse dormido, la mano relajada soltaba la cuchara y el ruido de ésta al caer dentro del vaso lo despertaba. Lo que hacía Dalí era dibujar de inmediato, al saltar por el ruido de la cuchara en el vaso, todas las imágenes bizarras y raras que le aparecían en su cabeza en ese estado de medio dormido, semiconsciente.

Todo concluye al fin, para volver a empezar

¿Qué aprendimos?

Cuando observamos algo que ya hemos visto, lo entendemos y le damos un significado. Esto lo hacemos sin necesitar demasiado tiempo ni energía para analizarlo. Estos patrones de pensamiento, hábitos y rutinas, se van acumulando a medida que crecemos. Gracias a ellos podemos simplificar muchas cosas y realizar la mayoría de nuestras tareas rutinarias de manera rápida y adecuada.

Para ser creativos debemos generar variaciones a través de la combinación y la mezcla de conceptos diferentes que cambien estos patrones de pensamiento y nos provean de una variedad de alternativas nuevas. La mezcla de estos conceptos distintos va a encender nuestra imaginación. Las personas muy creativas no logran ideas increíbles porque sean más inteligentes, tengan más educación y experiencia o estén genéticamente más predispuestas a la creatividad. En esencia, su trabajo es combinar distintos conceptos de manera novedosa. Ésta es la herramienta más importante para crear más y más ideas nuevas. Para lograrlo invierten tiempo e intención en desarrollar su energía creativa focalizando su atención en su desafío creativo. Disfrutan del proceso y son curiosos.

En efecto, cada vez que sentimos, vemos, pensamos, hablamos o decidimos mover el cuerpo, se activa un patrón único de neuronas, una web o red particular. Todas estas neuronas se comunican entre ellas a través de una señal, haciendo sinapsis. Por ejemplo, si vemos un auto, cierto patrón único de neuronas se activa; pero si oímos ladrar a un perro, otro patrón de neuronas se activa. En una forma muy general, pensar de manera creativa significa que se activa otra red única de neuronas nunca antes encendida. Además, investigando estas estructuras y sus atributos de cómo se construyen, podremos empezar a comprender cada vez más sobre el proceso del pensamiento en general.

Relajarme no es para mí

Si te cuesta mucho pensar en la noción abstracta de lo que es estar relajado, podés reemplazarla por tratar de sentir calor y pesadez. Imaginá con los ojos cerrados y en una posición muy cómoda que tus manos, brazos y piernas son cada vez más pesados y están más calientes.

No hace falta pensar en la palabra relajación, reemplazala por pesadez y calor, y eso te ayudará a relajarte.

Sin duda, la creatividad es una de las herramientas más importantes para la supervivencia y la evolución como humanos. No obstante, muchas veces es considerada por la sociedad un talento que no sirve de mucho. La presión social es cultivar siempre nuestras habilidades racionales. Si queremos desarrollar al máximo la creatividad, nuestra currícula educacional debería incluir y estimular actividades asociadas con ella. Cuando adultos, el mundo parece estar lleno de responsabilidades muy importantes y acciones críticas. Sin embargo, confundimos a menudo lo importante con lo grave. ¿Cuándo fue la última vez que fuimos atacados por un leopardo? Nuestras acciones pueden ser críticas, pero casi nunca son situaciones que requieran en verdad un juicio de valor veloz y rápido, una emoción reactiva casi instantánea como la de luchar o escapar. Más que nada, los desafíos que enfrentamos en la actualidad requieren una forma de pensar diferente. Podemos cultivar y promover esto. Necesitamos un cambio cultural, hacia otros valores, donde el juego sea más estimulado también en los adultos. Promover actividades que no tengan un impacto real en nuestras vidas, nuestra carrera, nuestros ingresos, nuestro estilo de vida o el trato en la sociedad. Dejar un poco de ser siempre correctos y simplemente tratar de disfrutar de una actividad por ella misma. Cuando éramos pequeños, el instinto nos estimulaba a tomar todo lo que podíamos del ambiente, en lugar de ser correctos o precavidos. Con el tiempo, nuestros mecanismos de defensa empezaron a participar más en las actividades y a enfatizar mucho la necesidad de ser precavidos y correctos, para evitar todo tipo de dolor físico o emocional. Esto nos convirtió en personas serias y prácticas. La música, el teatro, las artes y los juegos se convierten en actividades puramente recreacionales. Sin embargo, hoy la neurociencia entiende que todas estas actividades hacen que los músculos creativos se desarrollen. **La formación de nuevas asociaciones o conceptos dentro de nuestra mente ocurre, por lo general, cuando tenemos un espacio para relajarnos, cuando se debilitan nuestras conexiones neuronales dominantes preexistentes.** Acompañando los descubrimientos de la ciencia, todas las grandes tradiciones del mundo también enfatizan desde tiempos remotos el intento de vivir vidas que debiliten un poco estos patrones de pensamiento dominantes. El taoísmo estimula a las personas a vivir una vida más simple. El tao, en esencia, lo que trata es la práctica de ir con la corriente, en vez de querer controlar cada aspecto de nuestra existencia todo el tiempo. El budismo enfatiza muchísimo la necesidad de ser conscientes de los pensamientos, juiciosos de las acciones para evitar quedar atrapados en nuestros pensamientos y deseos habituales. Los hindúes y los yoguis pregonan dejar partir nuestros deseos. También ejercitando nociones más occidentales, como el perdón o la fe, se promueve y se logra la liberación de los patrones del pensamiento dominante. Todas estas tradiciones nos enseñan a aceptar las circunstancias presentes y dejar de tener la necesidad de controlar lo que no podemos. No tenemos que estar viviendo como si todas las circunstancias fuesen de vida o muerte. Vivir así disminuye la eficiencia de nuestros mecanismos de estrés, necesarios cuando en verdad nos enfrentamos a una circunstancia límite.

Por lo general, asociamos pensar de manera creativa con proyectos muy especiales, un desafío importante en la oficina, una instalación artística, un invento, mayor productividad corporativa, resolver algún problema de diseño en algún producto nuevo. Sin embargo, en el día a día, fuera de estos grandes desafíos, continuamos utilizando mecanismos de pensamiento con patrones dominantes, experimentamos y respondemos a las situaciones en piloto automático. Es necesario balancear este mecanismo de decisiones automáticas con el pensamiento creativo. Pensar creativamente, a través de las revelaciones, nos provee de una continua evolución como humanos, en particular en estos momentos donde el ambiente que nos construimos se hace cada vez más complejo.

Para poder beneficiarnos de este regalo evolutivo, debemos estar más conscientes de que estamos operando nuestras vidas en un modo automático, nuestras finanzas, nuestras carreras, nuestras relaciones, muy pocas veces tenemos tiempo para revaluar lo que estamos haciendo. Nos quejamos de que nos falta tiempo para parar la pelota, reevaluar y así tratar de vivir una vida más creativa. Pero todos los atajos que tomamos en la vida, utilizando el piloto automático, gastan a menudo más tiempo y nos llevan a comportamientos poco eficientes, nos equivocamos y nos infligimos mucho dolor. Pensar creativamente es la única forma de vivir nuestras vidas, y no la de otros. Para mí, sólo podemos decir con honestidad que estamos viviendo cuando, en lugar de dar sin cesar respuestas habituales, nos ofrecemos muchas posibilidades para tomar nuestras decisiones mediante un proceso consciente. Esto sólo es posible si se tiene una vida más creativa.

El infierno es un lugar donde nada está conectado. T. S. Eliot

---

Tu tiempo es limitado, no lo pierdas viviendo la vida de otro. No quedes atrapado en el dogma, que es vivir con los resultados del pensamiento de otras personas. Steve Jobs

---

Mapas mentales

Los mapas mentales son una de las herramientas más sencillas y poderosas para liberar tu potencial creativo. Fueron creados por el investigador británico Tony Buzan, inspirado en los cuadernos de Leonardo da Vinci. Hoy en día los mapas mentales son parte integral de cursos y métodos para resolver problemas y aprender mejor en muchas instituciones educativas y organizaciones. Podés usarlos para objetivos personales, como planear tus vacaciones o tu carrera, también para tu trabajo, al preparar presentaciones o reuniones, establecer objetivos, etcétera. Pero lo más valioso de su práctica es que si los utilizás con frecuencia entrenan tu mente para ser un pensador más balanceado (utilizar ambos hemisferios del cerebro), como lo era Leonardo da Vinci.

Imaginate que tenés que escribir un informe sobre la última película que viste en el cine. Observá cómo trabaja tu mente en este proceso. ¿Tu mente escribe párrafos sobre la película o va describiendo en forma de un punto debajo del otro los pasajes más importantes? Seguro que no. Es muy probable que las **impresiones** que te dejó la película, **palabras claves** e **imágenes** estén flotando por tu mente, cada una de ellas asociándose entre sí. El mapa mental es un método para continuar lo que hace de manera natural tu cerebro, pero sobre papel. Es una expresión gráfica de los patrones naturales de pensamiento. Recordá que la base de datos más increíble del mundo está dentro de tu cabeza. Como hemos visto, la creatividad requiere un balance entre la generación de ideas y su organización posterior para ser seleccionadas y elegidas, o no, como creativas e implementables. Lo que sucede en general es que sufrimos de "organización prematura", tendemos a organizar primero a expensas de la producción de ideas. Los mapas mentales te liberan de esa tiranía. Es una invitación a empezar con rapidez a generar más ideas en menos tiempo. Además, te permite representar una cantidad enorme de información en un espacio reducido. Podés tener todos los conceptos claves de una temática ordenados de manera tal que te estimulen a encontrar relaciones entre ellos. Justamente, la habilidad de encontrar conexiones entre ideas te hace ser más creativo. Creo que más allá de su uso como poderosa herramienta para mejorar tu eficiencia en resolver problemas, planificar, comunicar, su beneficio más importante es que te entrena a ser un pensador más flexible. Practicar de manera regular mapas mentales desarrolla la espontaneidad, claridad y profundidad de tu pensamiento, y algo para no despreciar: estás trabajando y resolviendo desafíos creativos mientras te divertís.

Técnica: Mapas mentales

Empezá con una hoja en blanco lo más grande que puedas y cinco o seis marcadores o lápices de colores. Poné el papel horizontal hacia vos. En el centro de la hoja, dibujá o representá con algún símbolo lo más vívido posible el tema que vas a mapear. No te preocupes por la calidad del dibujo. Usá colores. Luego de representar tu imagen central, empezá a escribir las ideas más representativas sobre las líneas que irradien desde el centro. Usá después más palabras claves y conceptos que empiecen a formar un árbol con muchas ramas. Dejá que tus asociaciones ocurran espontáneas, tratando de llenar la hoja lo antes posible. Generar ideas en forma de palabras clave es fácil. Cuando sientas que has generado material suficiente a través de asociaciones libres, observá el resultado. Todas tus ideas esparcidas en la hoja. A medida que mirás, vas a empezar a ver relaciones que te van a ayudar a organizar e integrar tus ideas. Si encontrás una palabra que se repite, quizá signifique algo importante. Conectá diferentes partes del mapa con flechas, códigos y colores. Eliminá aquellas partes que parezcan extrañas.

Acordate de usar todas las imágenes posibles, ya que son como anclajes para la memoria de tus palabras clave. Tratá de poner una sola palabra por línea. Esto te entrena y disciplina a focalizar para encontrar la palabra correcta, y de esta manera se fortalece tu pensamiento. El mapa mental puede ser infinito, termina cuando la información que generaste alcanza tus objetivos.

Bibliografía

Libros

Ackerman, Diane, *A Natural History of the Senses*, Nueva York, Vintage, 1991.

Ambady, Nalini, *First Impressions*, Nueva York, The Guilford Press, 2008.

Andreasen, Nancy, *The Creating Brain: The Neuroscience of Genius*, Nueva York, Dana Press, 2011.

Bateson, Gregory, *Steps to an Ecology of Mind: Collected Essays in Anthropology, Psychiatry, Evolution, and Epistemology*, Chicago, University of Chicago Press, 2000.

Begley, Sharon, *Train your mind, Change your brain: how a new science reveals our extraordinary potential to transform ourselves*, Nueva York, Ballentine Books, 2007.

Birdwhistell, Ray, *Kinesics and Context: Essays on Body Motion Communication*, Pennsylvania, University of Pennsylvania Press, 1970.

Blakeslee, Sandra, *The Body Has a Mind of its Own*, Nueva York, Random House, 2007.

Brook, Peter, *The Empty Space: A Book About the Theatre: Deadly, Holy, Rough, Immediate*, Nueva York, Touchstone, 1995.

Buzan, Tony, *El poder de la inteligencia creativa*, México, Urano, 2003.

Carter, Rita, *The Human Brain Book*, London, DK ADULT, 2009.

Carpenter, Malcolm y Sutin, Jerome, *Human Neuroanatomy*, London, Williams & Wilkins,1976.

Christensen, Clayton, *The Innovator's DNA: Mastering the Five Skills of Disruptive Innovators*, Boston, Harvard Business Review Press, 2011.

Csikszentmihalyi, Mihaly, *Creativity: Flow and the Psychology of Discovery and Invention*, Londres, Harper Perennial, 1997.

Csikszentmihalyi, Mihaly, *Fluir: Una psicología de la felicidad*, Barcelona, Editorial Kairós, 1997.

Damasio, Antonio, *El Error de Descartes*, Madrid, Crítica, 2008.

Dawkins, Richard, *El gen egoísta: Las bases biológicas de nuestra conducta*, Barcelona, Salvat, 2009.

De Bono, Edward, *Creatividad: 62 ejercicios para desarrollar la mente*, Barcelona, Paidós Ibérica Ediciones, 2008.

DeLoache, Judy, *How Children Develop*, Boston, Worth Publishers, 2010.

Dement, William, *The Promise of Sleep: A Pioneer in Sleep Medicine Explores the Vital Connection Between Health, Happiness, and a Good Night's Sleep*, Nueva York, Dell, 2000.

Deutsch, George y Springer, Sally, *Cerebro izquierdo, cerebro derecho*, Barcelona, Gedisa, 2008.

Diamond, David, *Theatre For Living: The Art and Science of Community-Based Dialogue*, Bloomington IN, Trafford Publishing, 2007.

Dickinson, Emily, *Poemas*, Abington PA, Visor, 2000.

Duggan, William, *Strategic Intuition: The Creative Spark in Human Achievement*, Nueva York, Columbia University Press, 2007.

Bibliografía

Doidge, Norman, *The Brain That Changes Itself: Stories of Personal Triumph from the Frontiers of Brain Science*, Londres, Penguin, 2007.

Fisher, Helen, *Why Him? Why Her?: Finding Real Love By Understanding Your Personality Type*, Nueva York, Henry Holt and Co., 2009.

Florida, Richard, *The Rise of the Creative Class: And How It's Transforming Work, Leisure, Community, and Everyday Life*, Nueva York, Basic Books, 2003.

Foster, Jack, *How to Get Ideas*, San Francisco, Berrett-Koehler Publishers, 2007.

Galindo, Javy, *The Power of Thinking Differently: An imaginative guide to creativity, change, and the discovery of new ideas*, Los Altos, Hyena Press, 2011.

Gelb, Michael, *Da Vinci Decodificado*, Madrid, Punto de Lectura, 2006.

Gelb, Michael, *Descorche su creatividad*, Colombia, Grupo Editorial Norma, 2010.

Gelb, Michael y Caldicott, Sarah, *Innovate Like Edison: The Five-Step System for Breakthrough Business Success*, Nueva York, Plume, 2008.

Gigerenzer, Gerd, *Decisiones instintivas*, St. Harmon, Ariel, 2008.

Goleman, Daniel, *Espíritu creativo*, Barcelona, Ediciones B, 2009.

Gordon, Evian y Koslow, Stephen, *Integrative Neuroscience and Personalized Medicine*, Nueva York, Oxford University Press, 2010.

Gross, James, *Handbook of Emotion Regulation*, Nueva York, The Guilford Press, 2009.

Hebb, D.O., *The Organization of Behavior: A Neuropsychological Theory*, Londres, Psychology Press, 2002.

Kandel, Eric, *In Search of Memory: The Emergence of a New Science of Mind*, Nueva York, W. W. Norton & Company, 2007.

Kandel, Eric, *The Age of Insight: The Quest to Understand the Unconscious in Art, Mind, and Brain, from Vienna 1900 to the Present*, Nueva York, Random House, 2012.

Kaufman, James y Sternberg, Robert, *The Cambridge Handbook of Creativity*, Cambridge, Cambridge University Press, 2010.

LeDoux, Joseph, *El cerebro emocional*, St. Harmon, Ariel Publications, 1999.

Lehrer, Jonah, *Imagine: How Creativity Works*, Boston, Houghton Mifflin Harcourt, 2012.

Lippmann, Walter, *Essays in the Public Philosophy*, Nueva York, The New American Library, 1964.

Lynch, David, *Atrapa el pez dorado: Meditación, conciencia y creatividad*, Barcelona, Grijalbo Mondadori, 2008.

MacLeod, Hugo, *Ignora a todos (Gestión del conocimiento)*, México, Urano, 2010.

MacLean, P., *The Truine Brain in Evolution: Role in Paleocerebral Functions*, Nueva York, Springer, 1999.

Mayer, Richard, *Aprendizaje e instrucción*, Madrid, Alianza Editorial, 2010.

Medina, John, *Brain Rules: 12 Principles for Surviving and Thriving at Work, Home, and School*, Seattle, Pear Press, 2009.

Meltzoff, Andrew, *Palabras, pensamientos y teoría*, Madrid, Visor, 2002.

Michalko, Michael, *Creative Thinkering: Putting Your Imagination to Work*, San Francisco, New World Library, 2011.

Michalko, Michael, *Thinkertoys*, México, Gestión 2000, 2001.

Michalko, Michael, *Cracking creativity: Los secretos de los genios de la creatividad,* México, Gestión 2000, 2000.

Pfenninger, Karl y Shubik, Valerie, *The Origins of Creativity,* Nueva York, Oxford University Press, 2001.

Pinker, Steven, *Cómo funciona la mente*, Madrid, Destino, 2000.

Pradeep, A.K., *The Buying Brain: Secrets for Selling to the Subconscious Mind*, Nueva Jersey, Wiley, 2010.

Raina, M., *The Creativity Passion: E. Paul Torrance's Voyages of Discovering Creativity*, Praeger, 2000.

Ramachandran, V. S., *The Tell-Tale Brain: A Neuroscientist's Quest for What Makes Us Human*, Nueva York, W. W. Norton & Company, 2011.

Restak, Richard y Kim, Scott, *The Playful Brain: The Surprising Science of How Puzzles Improve Your Mind*, Nueva York, Riverhead Hardcover, 2010.

Rizzolatti, Giacomo, *Las neuronas espejo: Los mecanismos de la empatía emocional*, Madrid, Paidós Ibérica Ediciones, 2006.

Rock, David, *Your Brain at Work: Strategies for Overcoming Distraction, Regaining Focus, and Working Smarter All Day Long*, Nueva York, HarperBusiness, 2009.

Roth, Robert, *Meditación trascendental de Maharishi Mahesh Yogi*, Edición Estándar, 2003.

Rothenberg, Albert, *Creativity and Madness: New Findings and Old Stereotypes*, Baltimore, The Johns Hopkins University Press, 1990.

Sloterdijk, Peter, *Temperamentos filosóficos: De Platón a Foucault*, Madrid, Siruela, 2010.

Sperry, Roger, *Beyond a World Divided: Human Values in the Brain-Mind Science*, Bloomington, iUniverse, 2000.

Sternberg, Robert, *The Nature of Creativity: Contemporary Psychological Perspectives*, Cambridge, Cambridge University Press, 1988.

Sweeney, Michael, *Brain: The Complete Mind: How It Develops, How It Works, and How to Keep It Sharp*, Washington, National Geographic, 2009.

Todd, James, *Modern Perspectives on John B. Watson and Classical Behaviorism*, Westport, Greenwood Press, 1994.

Wiseman, Richard, *El factor suerte*, Madrid, Temas de Hoy, 2003.

Wilson, Edward, *Consilience: The unity of knowledge*, Nueva York, Random House/Vintage Books, 1999.

Test Creativo, adaptado del Blog de Josh Linkner: http://joshlinkner.com/blog/

Artículos científicos

Armstrong, E., "Relative Brain Size and Metabolism in Mammals", en *Science* 220, no. 4603 (June 17, 1983), 1302-1304.

Arp, R, "The environments of our hominid ancestors, tool-usage and scenario visualization", en *Biol & Phil* 21: 95-117 (2006).

Benoit, O. et al., "Habitual sleep length and patterns of recovery sleep after 24 hour and 36 hour sleep deprivation", en *Electroencephogr Clin Neurophysiol* 50:477-485 (1980).

Bibliografía

Braver, T.S. et al., "Neural mechanisms of transient and sustained cognitive control during task switching", en *Neuron* 39:713-26 (2003).

Burns, E.R., "Biological time and in vivo research: a field guide to pitfalls", en *Anat Rec* 261: 141-152 (2000).

Cole, W. et al., "The Multitasking Generation", en *Time* 167: 50-53 (2006).

Crone, E.A. et al., "Neural evidence for dissociable components of task-switching", en *Cereb Cortex* 16:475-86 (2006).

Culotta, E. et al., "Paleolithic technology and human evolution" en *Science* 291: p. 1748-1753 (2001).

DeLoache et al., "Scale errors offer evidence for a perception-action dissociation early in life", en *Science* 304: 1027-1029 (2004).

DeLoache, JD., "Becoming symbol-minded", en *Trends in Cognitive Sciences* 8(2):66-70 (2004).

Dinges, DF. et al., "Cumulative sleepiness, mood disturbance, and psychomotor vigilance performance decrements during a week of sleep restricted to 4-5 hours per night", en *Sleep* 20: 267- 277 (1997).

Dolcos, F. et al., "Interaction between the amygdala and the medial temporal lobe memory system predicts better memory for emotional events", en *Neuron* 42: 855-863 (2004).

Dunbar et al., "Evolution in the social brain" en *Science* 317:1344-1347 (2007).

Endestad, T. et al., "Memory for pictures and words following literal and metaphorical decisions Imagination", en *Cognition and Personality* 23 (2,3): 209-216 (2003).

Gale, G. y Martin, C., "Larks and owls, and health, wealth, and wisdom", en *British Med J.* 317: 1675-1677 (1998).

Gottfried, J., Dolan R., "The nose smells what the eye sees: crossmodal visual facilitation of human olfactory perception", en *Neuron* 39: 375-386 (2003).

Gulevich, G. et al., "Psychiatric and EEG observations on a case of prolonged (264 hrs) wakefulness", en *Archives of General Psychiatry* 15: 29-35 (1966).

Hidi, S., y Baird, W., "Strategies for increasing text-based interest and student's recall of expository text", en *Reading Research Quarterly* 23: 465-483 (1988).

Hoffman, C.D. y Dick, S.A., "A developmental investigation of recognition memory", en *Child Dev* 47: 794-799 (1976).

Jacobs, W. et al., "The molecular basis of neural regeneration", en *Neurosurgery* 53: 943-950 (2003).

Larson, J et al., "Morning and night couples: the effect of wake and sleep patterns on marital adjustment", en *J. Marital and Fam Therapy* 17: 53-65 (1991).

Lewis, M. D., "The self-regulating brain: Cortical-subcortical feedback and the development of intelligence action", en *Cognitive Development* 22:406-430, 2005.

Lieberman, M.D., "Social cognitive neuroscience: a review of core processes", en *Annu Rev Psychol 2007*; 58:259-89 (2007).

Mayer, R.E., "Multimedia learning: are we asking the right questions?", en *Educ Psych* 32(1): 1-19 (1997).

Pelli, D.G., "The remarkable inefficiency of word recognition", en *Nature* 423:752-756 (1996).

Pilcher, J.J. y Juffcutt A.J., "Effects of sleep deprivation on performance: a meta-analysis", en *Sleep* 19: 318-326 15: 29-35 (1996).

Pihal, W., y Born, J., "Effects of early and late nocturnal sleep on declarative and procedural memory", en *J. Cogn. Neurosci* 9: 534-547 (1997).

Ramsey, N.F. et al., "Neurophysiological factors in human information processing capacity", en *Brain* 127: 517-525 (2003).

Raz, A. y Buhle, J., "Typologies of attentional networks", en *Nature Reviews Neuroscience* 7: 367-379 (2006).

Repacholi, B.M. y Gopnik, A., "Early reasoning about desires: evidence from 14 and 18 month olds", en *Dev Psych* 33: 12-21 (1997).

Rizzolatti, G. y Craighero, L., "The mirror-neuron system", en *Ann Rev Neurosci* 27: 169-192.

Silk et al., "Social components of fitness in primate groups", en *Science* 317:1347-1351 (2007).

Semaw et al., "2.5 million year old stone tools from Gona, Ethiopia", en *Nature* 385:333-336 (1997).

Stenberg, G., "Conceptual and perceptual factors in the picture superiority effect", en *Eur J. of Cog Psych* 18(6): 813-847 (2006).

Stickgold, R., "Sleep-dependent memory consolidation", en *Nature* 437: 1272-1278 (2005).

Tanaka, J., "Protein Synthesis and neurotrophin-dependent structural plasticity of single dendritic spines", en *Science* 319:1683-1687, 2008.